인문잡지 한편
14

특별호
쉼

KB099536

"침묵은 능동적인 것이고
독자적인 완전한 세계다."

막스 피카르트,
『침묵의 세계』

올해 초 오랜만에 정신과를 찾았다. 마지막으로 약의 도움을 받은 지 근 십 년 만이었다. 그 옛날 병원을 찾은 결정적 이유가 가정사였다면 이번 내방 목적은 훨씬 단순 명료했다. 과로로 인한 불안과 강박.

　　문제가 있다는 걸 깨달은 지는 그보다 오래되었다. 신생 팀에 합류하여 능력 있는 또래 동료들과 회사 안팎에서 고유한 결과물을 만드는 것이 특별하고 좋았다. 친구들의 말과 글은 풍부한 음률을 자랑하는 협주곡이 되었고 클라이맥스마다 과량의 도파민을 터뜨렸다. 그러나 파티의 중독적인 기운이 가신 뒤 맨정신이 되면 왠지 어울리지 않은 옷을 입고 있다는 생각을 지울 수 없었다. 퇴근 후 새벽까지 이어지는 미팅, 회사 일과 결코 따로 둘 수 없는 평일과 주말의 공적·사적 모임들, 놀면서 한 이야기가 일로 되돌아오는 위험한 순간들. 그 밖에 각종 외주와 프로젝트까지. 눈 뜬 내내 일에 대한 고민이 끊이질 않았고 언제 거부권을 사용할 수 있을지 알 수 없었다. '너도 좋아서 한 일 아니야?' 그렇다. 해 보겠다고 나선 건 맞는데……. 반은 맞고 반은 모를 일이었다.

## 다들 어떻게 쉬나요?

첫 번째 저항은 떠나기였다. 이 시절 나의 《한편》 뉴스레터 배너는 '사막으로 떠날 작정인 편집자'. 만날수록 부담이 커지는 관계를 끊고 사막보다 먼 곳으로 떠나고 싶었다. 그래야 겨우 내 호흡대로 숨 쉴 듯했다. 해외에 나갈 때면 학회나 워크숍 같은 일정을 꼭 끼우곤 했던 나는 난생처음 순수하게 쉴 목적으로 항공권을 구입했다. 행선지는 친구가 있는 베를린. 친구의 친구가 너른 호의로 집을 빌려주었고, 또 다른 친구와 그의 친구까지 모여 여름 호수와 스파, 클럽을 즐겼다.

조금이라도 싼 숙소에서 낯선 외국인과 부대끼며 다녔던 20대 때의 여행과 달리 잘 갖춰진 가정집에서 아침을 해 먹고 발 가는 대로 일정을 보내니 마음이 그렇게 편할 수 없었다. 과거 배낭여행으로 베를린에 사흘 머물렀을 때는 번갯불에 콩 볶듯 관광 명소들을 들르며 분단 역사 기행 한 편을 찍었는데, 이번 휴가는 나를 꾸며 내지 않아도 되는 사람들과 간간이 연락하면서 느리고 넉넉한 일주일을 보냈다. 이를 통해 지금 내가 원하는 쉼은 편안한 상태, 그냥 편안한 것이 아니라 온몸의 긴장을 풀고 느긋이 휴식하는 릴랙스한 상태임을 알게 되었다.

이렇게 일의 나머지가 아닌 쉼 자체를 보면 어떨까? 베를린으로 떠나기는 내가 원하는 쉼의 상을 보여 주었다. 자연히 다른 사람들의 것도 궁금해졌다. 모두 어떻게 쉬고 있을까? 자신의 휴식법에 만족하고 있을까? 편안함 역시 양태가 다양하니, 다른 사람은 쉰다는 것을 어떻게 표현할지 궁금했고, 내가 생각하지 못한 방법이 있다면 참고해 보고 싶었다. 이런 궁금증에서 출발한 '쉼' 호는 《한편》에도 파장을 일으켰다.

## 다시 태어난 줄 알았지

각자 사정은 다르겠지만 고갈되었다 느끼는 것은 나 혼자가 아니었다. 외부적으로는 코로나19발 불황이 본격화되었고 내부적으로는 일할 자원이 줄어든 상황이었다. 삶과 일 모두 변화가 필요하다는 고민을 털어놓고 보니 세 편집자 사이에서도 쉬고 싶은 방식이 달랐다. 그런 이야기를 '쉬어가는 특별호'에 맞게 가볍게 다루려고 했다. 열 편의 글로 승부하는 기존 스타일을 바꾸어 대담, 인터뷰 등 다른 형식을 실었다. 필자와 독자가 함께 만드는 꼭지로 독자와의 직접 소통을 늘려 보려고도 했다.

휴식을 말할 때 항상 등장하는 짝패는 일이다. 한국은 경제 지표에 비해 유독 근로 시간이 긴 나라다. 경제협력개발기구(OECD)의 2023년 통계를 보면 2022년 한 해 우리나라 노동자의 평균 근로 시간은 1901시간으로 OECD 평균보다 149시간 길다. 여느 나라 사람보다 매달 열두 시간 이상 더 일하는 셈이다! 한 보고서는 "자영업자 및 시간제 근로자 비중의 영향을 고려하더라도 한국은 비교적 장시간 근로 국가"라고 이 통계를 분석한다(김민섭, 《KDI FOCUS》 128). 여유 시간이 절대적으로 부족하니 사람들은 '갓생'과 '미라클 모닝'을 외치며 그 시간을 아예 자기 계발에 투자해 버리거나 '홧김 비용'을 쓰며 스트레스를 푼다.

이번 쉼은 완벽했다는 믿음은 가혹한 노동 조건 속에 손쉽게 고꾸라진다. 나 다시 태어났어. 자기도 여행 한 번 가자. 어느 정도 에너지가 차서 돌아온 나는 마감에 지친 동료들에게 열흘 휴가의 효험을 설파했다. 과로로 시들해진 저자를 설득해 해를 넘기기 전 책을 내자는 만용도 부렸다. 남은 일만 끝나면 내년부터는 정말 쉴 테다. 내가 좋아한 원래의 나로 돌아가겠다고 마음먹었다. 그러나 누적된 삶의 패턴이 선언 한 번으로 바뀔 리 만무했다. 모든 일과 모임을 쉬기로 했다. 메신저 알림을 끄고, 내일 할 일에 대한 걱정보다 심신 돌보기를 우선하여 뒤도 돌아보지 않고 정시 퇴근했다. 주말은 집 밖으로 한 발짝도 나가지 않고 직접 요리를 해 먹고 강가로 산책을 나갔다.

이전에 누군가 내게 어떻게 쉬느냐고 물으면 나는 누워서 좋아하는 아이돌 영상을 보거나 한없이 잔다고 답했다. 이런 쉼은 아무것도 하지 않으니 편하고 나에게 맞았음에도 집에 마냥 누워 있는 자신은 수동적이고 무기력한 상태로 보였다. 주말에 유튜브 쇼츠나 평이 괜찮은 영화 몇 편을 몰아 볼 때면 가끔 만족스러웠고 대부분은 귀한 한나절을 낭비한 것 같아 쓰레기 같은 기분이 들었다. 누워 있느라 해치우지 못한 집안일을 보면 더욱 그랬다. 쉼을 중심에 두니 지난 쉬는 시간이 정체 모를 생산 논리의 일부로 붙들려 있던 것이 보였다. '휴식은 나를 위한 선물'이라는 구태스런 말이 비로소 조금씩 이해되었다. 그리고 쉼을 탐구하며 이미 많은 사람이 이 진리를 마음 한구석에 담고 자신을 쉬게 하려

분투 중임을 알게 되었다.

## 비워야지 채울 수 있다

《한편》이 만난 사람들은 각자 방식대로 쉬고, 쉬는 데 실패하면서, 더 나은 쉼의 방법을 찾고 있었다. 기차 여행과 일기 쓰기에 빠진 새벽 편집자는 '떠나기'라는 활동에 주목했고, 최근 텃밭을 가꾸기 시작한 세영 편집자는 '기르기'에 주목하며 농(農) 중심의 체제 전환을 말하는 사람들과 대화했다. 나는 내 주변에서 '비우기'를 가장 치열하게 고민해 온 저자에게 청탁하고 그의 초고를 함께 읽는 글방을 기획했다. 자신만의 한 편을 쓴 사람들이 모여 이야기할 때 어느 순간 터져 나올 것이 있으리라는 확신이 있었다.

서울과 베를린을 오가며 활동하는 작가 하미나의 「곧바로 응답하지 않기」는 투두 리스트에 쫓겨 숨 가쁘게 살던 자신의 제법 조용해진 현재를 다룬다. 비우기를 연습하는 실용적인 팁도 함께. 멈추기로 결정한 후 갑자기 몰려오는 텅 빈 시간을 어떤 표정으로 마주할 수 있을까? 응답 대기 상태에서 벗어나는 일은 누구에게나 쉽지 않으나, 부단한 훈련을 거쳐 얻은 쉼은 더 중요하고 더 본질적인 것이 무엇인지 알려 줄 것이다.

이어지는 「당신의 아무것도 하지 않는 시간」은 모임 이끔이인 하미나와, 쉼에 관해 글을 쓴 여섯 명의 독자 김동현·김혜진·박혜연·손은숙·윤현정·최서연이 진행한 온라인 글방을 옮겼다. 이들은 아무것도 하지 않는 시간에 죄책감을 느낀다고 적으면서도 다른 사람의 쉼을 응원하고 지지한다. 또 서로의 글에서 우리가 무언가를 생산하고 있지 않은 때에도 몸 안팎으로 끊임없이 활동하고 있음을 발견한다. 하미나는 글방 시작 전 간단한 이완 운동을 제안했다. 서로를 평가하고 상대의 말을 놓쳐서는 안 된다는 긴장감이 과연 풀렸다. 현대인이 느끼는 묘한 압박감을 아무것도 하지 않는 시간으로 전환하려 한 소중한 기록이다.

다큐멘터리스트 김진영은 「도망치는 것도 때로는 도움이 된다」에서 어느덧 도망치듯 떠나기의 전문가가 된 자신의 경험을 생생히 전한다. 처음으로 극심한 번아웃에 시달린 김진영은 미국 시애틀까지 먼 길을 떠나 친구 가족의 다정한 돌봄, 좋은 식재료, 규칙적인 일과라는 원초적인 것에서 기쁨을 찾는다. '아웃오브서울'이라는 이름 아래 비로소 나에게 필요한 쉼을 발굴하자, 나에게 맞는 삶의 형태를 찾을 과제가 되찾아온다.

## 떠나고 기르는
## 사람에게서 나오는 것

제멋대로 떠났다가 뭔가를 찾아서 돌아오는 나와 저자들을 지켜보면서 새벽 편집자는 점차 쉼의 가치를 받아들였다. 신학 연구자 소영광은 무신론자 편집자에게 '안식'의 의미를 설득하는 편지를 주고받았다. 우리가 쉬는 일요일이 하나님의 천지창조에서 유래되었다는 사실이 바쁜 현대인에게 무슨 의미일까? 안식에는 일을 쉰다는 소극적 의미뿐 아니라 자신 안에 텅 빈 공간을 만들어 다른 존재를 받아들인다는 적극적인 의미가 담겨 있다. 이렇게 창조와 안식을 한 쌍으로 이해한다면, 하나님이 아닌 우리도 무언가를 창조할 수 있다는 희망이 생긴다. "기성의 삶에 코를 박은 일차원적인 진지함에서 벗어나게 해 주는 것이 쉼이 지닌 환기의 기능이기 때문입니다."

한편 자본주의 사회에 사는 우리는 고된 노동을 하지만 정작 우리가 생산한 것을 직접 쓰지 않는다. 시간을 들여 만든 것은 회사의 매출로 수치화되고, 필요한 것은 소비로 해소한다. 여러 방면의 비우기를 시도했던 세영 편집자는 어느 봄날 기르기에서 완벽한 쉼의 순간을 만났다. 기르기를 위한 맑은 공기와 안전한 지구가 절실해졌다. 이런 문제의식에서 도시를 떠나 농촌에서 사는 활동가와 작가를 만났고, 가까이에 있는 편집자 동료들의 이야기를 자세히 듣기도 했다.

3년 차, 9년 차 농부 연어와 채효정은 「농사짓기에서는 뭐가 일이고 뭐가 쉼일까?」에서 일과 쉼이 분리된 삶을 다시 통합한 여정을 들려준다. 자급하는 삶을 고민하던 활동가 연어는 곡성의 농부가 되어 제가 가치 있다 느끼는 것에 온전히 시간을 쓰게 됐다. 주체성을 회복한 과정이다. 정치학자 채효정은 밭 농사와 글 농사를 병행하는 고됨을 말하면서도 더 이상 어디론가 떠나고 싶다는 생각이 들지 않는다고 고백한다. 내게 필요한 만큼 기르고 먹는다면 흙은 그 이상의 것을 베푼다는 오래된 미래의 이야기를 들어보자.

한 생명이 키울 환경을 만드는 일은 고되다. 수다 「책 만드는 사람들이 도시 농부가 된 이유」는 도시 생활자가 그 고된 활동을 쉼의 방식으로 채택한 연유를 전한다. 우연한 계기로 도시 농장과 도시 양봉에 입문한 동료 편집자들은 보드라운 흙을 만지는 즐거움과 인간과 다른 벌의 생태를 익힌다. 잠깐의 틈 만들기에서 일이 아닌 다른 것을 지속할 뜻밖의 힘을 얻어 낸다. "할 수 있다. 그런 생각만으로 좀 괜찮은 게 있어."

## 다음 무대를 꿈꾸며

맨 처음 병원에 갔을 때가 생각난다. 20대 중반의 나는 집과 학교, 인간관계 세 방면에서 얻어맞고 있었는데 가족과 연을 끊든 학위를 마치지 못하든 일단 살고 봐야겠다는 기특한 생각을 했다. 더는 집의 경제적 지원을 기대할 수 없었으므로 선배와 학과 조교에게 부탁해 교내의 온갖 중하급 지식 노동을 도맡고 월 200만 원을 벌었다. 기숙사에서 여는 월 5만 원짜리 운동은 빠짐없이 갔으나 논문을 잘 읽고 비평문까지 잘 쓸 기력은 없었다. 교수님들 사이에 불량 학생이란 소문이 돌 것이 뻔했다. 그래도 상관없었다.

어느 날 벼락같이 한 중국 드라마에 빠졌고 조금 살맛이 났다. 기숙사에 작은 텔레비전을 들인 것을 시작으로 '덕질 메이트' 들과 중국어와 중국사 스터디를 꾸리고 팬 계정을 운영하고 상해 부근의 드라마 촬영지를 가고 또…… 한번은 현지 팬 이벤트에 가고 싶어서 중국 팬에게 메시지를 보내 저랑 놀아 주세요 했다. 주최 측의 전야제에 초대받았고 한때 동방신기의 팬으로 한국말을 할 줄 아는 분이 살뜰히 행사를 안내해 줬다. 최고의 동아시아 교류였다. 그렇게 1년 정도를 보내니 슬슬 학위 논문을 써야지 싶었다. 몇 개월을 집중했다. 심사장에 놔두고 온 핸드폰에는 교수님들의 간략한 심사평이 녹음되어 있었다. "잘 정리했네." "통과시키죠." 정말 괜찮다는 건지 성의가 부족한 건지 알 수 없었지만 밝은 면을 볼 밖에. 졸업 전에 일자리를 구하고 전셋집을 함부로 개조한 셰어 하우스 2인실에 짐을 밀어 넣었다. 내 속도대로 버틴 자신이 대견했다.

베를린에서는 틈날 때마다 일기를 썼다. 여행 일지가 주였지만 손가락을 옮기다 보면 그 전에 없던 생각이 솟아났다. 그러다 별안간 내가 쥔 많은 일이 정말 하고 싶어서 했다기보다 남들만큼 혹은 남들보다 조금 더 할 줄 알아서 관성적으로 맡아 온 것이라는 깨달음이 내려쳤다. 배우고 익히는 것을 곧잘 하니, 글을 읽고 쓸 수 있으니 전문 지식을 다루고 학술 모임에 나가고 책까지 만들었지만 소수의 엘리트만 입장 가능한 세계에 매이는 건 성미에 맞지 않았다. 거장의 문장을 인용하며 세계의 미래를 논하는 비평가보다는 지금의 '최애' 스트레이 키즈 영상을 보면서 콘서트 날만 기다리는 쪽이 나였다. 그런 동시에 책 만드는 노동을 저주하기보다 책을 도구 삼아 나와 다른 사람이 변하는 모습을 더 보고 싶다는 생각이 든다. 더 취향에 맞는 글을 보고, 글과 다른 미디어 형식과 섞어 다른 감흥을 일으키고 싶다. 이로서 더 많은 이가 맛보고 느낄 수 있는 무대를 만들 수 있다면 오늘의 휴식을 기꺼이 받아들일 수 있을 듯하다. 이것은 살기 위해 쉬어가는 이야기다.

맹미선(편집자)

인문잡지 한편
2024년 5월
14호

특별호
쉼

에세이

# 곧바로
# 응답하지 않기

## 하미나

하미나　　　작가. 하마글방의 글방지기. 서울과 베를린을 기반으로 활동한다. 『미쳐있고 괴상하며 오만하고 똑똑한 여자들』, 『아무튼, 잠수』를 썼고, 함께 지은 책으로 『상처 퍼즐 맞추기』, 『언니에게 보내는 행운의 편지』, 『걸어간다, 우리가 멈추고 싶을 때까지』가 있다.

[분류] #비우기 #떠나기

"사람들에게 어떤 삶이
더 좋은 삶인가를 가르칠
자격도 그런 소양도 없지만
적어도 나는 지금의 내가 원하는 것이
무엇인지는 안다. 이는 일상에서
충분한 휴식을 취해야만 알 수 있다."

돌이켜보면 고등학교에 입학하던 순간부터 30대 초반인 최근까지 소위 '저녁이 있는 삶'을 살지 못했다. 아침에 눈을 뜨자마자 그날의 일이나 공부를 시작했고 대체로 잠들기 직전까지 지속되었다. 온종일 머릿속을 둥둥 떠다니는 투두 리스트를 추가하거나 삭제하며 지냈고 생산성과 관련되지 않은 술자리나 밥 약속은 최소한으로 줄였다. 그럼에도 언제나 시간이 부족하다는 느낌을 받았던 것 같다.

20대 중반이었나. 주말을 맞아 당시 만나던 연인과 한강 공원에 놀러 간 날이었다. 그는 당시의 나보다 시간과 에너지를 들여 순간을 아름답게 만드는 데에 일가견이 있는 사람이었다. 겨울을 지나 봄이 찾아왔고

따스한 바람이 살랑거리며 사람들 사이를 지나다녔다. 비릿한 물 냄새를 맡으며 우리는 돗자리 위에 누웠다. 누워 있는 얼굴 위로 나뭇잎이 만들어낸 그림자가 일렁이고 있었을 텐데 평화로워 보이는 겉모습과 달리 나의 마음은 시끄러웠다.

'이렇게 아무것도 안 하는 시간에 ○○을 끝내 놓으면 훨씬 좋을 텐데…….'

'왜 나를 이런 곳으로 끌고 온 거지?'

'인생을 이렇게 비효율적으로 살다니 먹고살 만한가 보군.'

'이건 시간 낭비야.'

나는 좌불안석이었고 그 불안감에서 온 분노를 아무 잘못이 없는 상대에게 조용히 쏟아붓고 있었다.

우리는 얼마 못 가 헤어졌다. 그와 만든 몇 개의 장면만이 현재의 내게 종종 돌아오는데 돗자리 위에서 불안해하던 나의 모습이 그중 하나다. 혼자서는 도저히 스스로를 멈출 수 없던 나의 일상에 그가 들어와 어렵사리 텅 빈 시간을 만들어 냈고, 그 덕분에 내가 시간을 감당하는 것을 어려워한다는 것을 알게 되었다.

언젠가 권여선 작가의 인터뷰에서 사람에게 가장

하미나

힘든 일은 '시간을 보내는 일'이라고 말하는 부분을 읽은 적이 있다.[1] 동의한다. 텅 빈 시간, 텅 빈 일정, 텅 빈 머리, 텅 빈 대화. 이런 것들을 감당하기란 쉽지 않다. 비어있는 공간에서 우리는 자기 자신과 마주쳐야 하는데 그렇게 마주친 자신의 존재를 감당하는 일이란…… 정말이지 끔찍하다. 그것이 너무나 어려운 나머지 우리는 해야 할 일을 만들고, 쓸데없는 말로 침묵을 채우고, 사람과 사건에 대한 이론을 계속해서 생성해낸다. 아무것도 하지 않는 시간을 충분히 버티는 사람을 나는 진심으로 존경한다.

## 처음 스스로 멈춘 순간

2021년 첫 책을 출판하기 전까지 투두 리스트에 쫓기는 삶은 계속되었다. 당시에는 대학원 공부와 창작 활동을 병행하고 있었고 거기에 생계를 유지하기 위한 돈벌이를 하지 않을 수 없었기에 언제나 스리잡 체제였다. 20대 내내 바쁘게 지낸 삶 덕분에 형편이 나아진 것

[1]  신준봉, 「[작가의 요즘 이 책] "징징징징 울면서 마감할 때 가장 살아 있다고 느껴"」, 《중앙일보》, 2017년 10월 5일.

도 사실이어서 그런 삶의 방식을 좋거나 나쁘다고 판단하기가 현재의 나로서는 어렵다.

어쨌든 첫 책을 낸 후 나는 더 이상 이 방법을 유지할 수 없다고 판단했다. 좋은 글을 쓰고 싶었고, 그러려면 시간이 필요했다. 삼사 년 정도의 시간이 아니라 삼사십 년 정도의 시간. 그 시간을 버티려면 지금과 같은 방법이어서는 안 되었다. 이렇게 살다간 심장마비나 동맥경화로 죽거나 혹은 목 허리 디스크로 고통받을 것이 분명했다. 이후에는 여러 가지 방법을 동원하여 몸의 긴장을 풀고 이전과는 다른 방식으로 살아갈 방법을 연습했다. 그중 하나는 무호흡 잠수인 프리다이빙을 배우는 것이었다.

프리다이빙은 하면 할수록 나에 대해 알게 되는 스포츠였다. 대개 수심 훈련을 하면 바다에 부이(Buoy, 일종의 부표)를 띄워 두고 다이버 서넛이 함께 훈련한다. 잠수하는 다이버는 이번에 몇 미터를 다녀올 것인지를 다이빙 파트너인 버디에게 말하고, 숨을 폐에 가득 채운 뒤 무호흡으로 다녀온다. 어두운 바닷속으로 내려가 이전보다 깊은 수심에 도달하려 애쓰는 일은 공포스럽고도 성취욕을 자극하는 일인데, 희한하게도 욕심을 부릴수록 목표한 곳까지 다다를 수 없다. 욕심을 낼수록 몸이 경직되고 심장이 빨리 뛰어 산소를 많이 소모하기 때문이다.

바다 아래로 내려가는 동안 다이버는 두려움, 욕심, 경쟁심, 걱정, 수치심 등 여러 감정을 통과한다. 그렇게 어쩔 수 없이 자신을 직면하게 된다. 의욕을 앞세워 성장하기보다 몸이 적응하기를 기다리며 천천히 자라는 것이 프리다이빙이었다. 바다에 들어가기 전까지 나는 내 몸이 그렇게나 심하게 경직되어 있는 줄 알지 못했다. 편안하게 이완한 상태로 일상을 산 적이 너무 오래되어서 그것이 어떤 상태인지를 잊은 탓도 크다. 일상을 살아가다 정신을 차리고 보면 손톱자국이 남을 정도로 주먹을 꾹 움켜쥐거나 자는 동안 어금니를 꽉 깨물어 얼얼해진 턱을 벌리는 것조차 어려워했으면서도 해야 한다고 생각한 것들을 해내려고 아득바득했다. 내가 이만큼이나 잘할 수 있다는 것을 증명하고 싶어서 편안하다고 느끼는 정도 이상까지 밀어붙이며 지내왔음을 바다에서 천천히 깨달았다. 그런 방식의 삶은 오랫동안 한국 사회에서 교육받아온 '잘 사는 삶'이기도 했다.

프리다이빙은 그간 내가 얼마나 경직된 채 무리하며 일해왔는지 돌아보게 해 주었고, 힘을 주기보다 이완하는 쪽이 훨씬 배우기 어렵다는 사실도 일깨워 주었다. 이전의 방식, 힘을 줘서 밀어붙이는 방식으로 도달할 수 없는 곳이 있음을 가르쳐 주었고 동시에 힘을 주지 않고도 앞으로 나아갈 수 있는 새로운 방법을 알려 주기도 했다. 프리다이빙이 아니라 바다가 가르쳐 준 것이라고 말해야 정확할지도 모르겠다. 어쨌든 이후로는 무얼 하든 조급함이 많이 줄었다.

## 비우기를 연습하는 법

혹시 평소에 어금니를 꽉 깨물고 지내지 않아? 숨 쉬는 걸 잊지 않아? 공황이나 불안을 느끼지 않아? 조급함 때문에 여기에도 저기에도 진득하게 집중하는 게 어렵지 않아? 이런 물음에 대단히 많은 친구들이 그렇다고 답한다. 이 문제가 나만의 문제가 아님을 여러 경로로 확인한 바 있기에 이 글은 아름답기보다 실용적인 편이 나을 듯하다. 지금 당장 바다로 뛰어들어 프리다이빙을 하기는 쉽지 않을 것이므로 내가 쉼을 연습한 방법을

하미나

공유하고 이것이 어떤 효과가 있는지를 하나씩 소개해 보고 싶다. 기본적으로 이 리스트는 자극으로부터 멀어지는 것과 관련이 있다.

첫째는 '온 콜(on call)' 상태, 곧 바로 응답해야 하거나 응답할 수 있는 상태에서 벗어나는 것이다. 이것이 휴식에 가장 중요하다. 업무 시간이 아니라면 핸드폰 알람을 꺼두거나 알람을 꺼두어도 되는 시간을 최소한으로나마 마련한다. 카카오톡, 이메일, 문자, 소셜 미디어 등 습관적으로 확인하는 알람에서 멀어지는 시간을 단 두 시간이라도 확보해야 한다. 스마트폰은 곁에 두는 것만으로도 관심을 쏟게 하는 힘이 있다. 나의 경우 적극적으로 고요한 시간을 만들 때에는 서랍 속에 넣어 놓는 등 시야에서 사라지게 만든다.

둘째로 온 콜 상태에서 벗어나기가 어렵게 느껴진다면 그럴 수밖에 없는 상태를 적극적으로 만들어 낸다. 나는 주로 물을 가까이하는 방법을 택한다. 꼭 바다가 아니더라도 수영장이나 목욕탕에 가서 몸을 담그거나 집에서 샤워하는 시간도 몸을 이완하게 한다. 짧은 시간이어도 효과는 강력하다. 이런 곳은 스마트폰을 들고 가기 어렵기에 휴식에 큰 도움이 된다.

셋째로 서울을 벗어난다. 꼭 해외로 나갈 필요도 없다. 주말에 서울 밖으로 나가는 것만으로도 시간의 흐름에 큰 변화를 느낄 수 있다. 온갖 광고와 소음, 자극이 끊이지 않는 서울은 공황과 불안을 유발하는 최고의 공간이다.

넷째로 선택지가 많은 상황을 줄인다. 매일 아침 무엇을 입을지, 어떤 화장을 할지, 누구를 만날지, 필요한 물건 중 어떤 것이 합리적인 선택일지, 점심이나 저녁 메뉴로 무엇을 먹을지, 운동은 무엇을 할지…… 선택지가 많은 상황은 자꾸 생각하게 만들고 오래 고민하더라도 놓친 것에 대한 아쉬움을 키워 내 선택에 대한 만족감을 줄이는 경향이 있다. 크게 중요한 일이 아니라면 과감하게 선택지를 줄이고 선택한 것을 한동안 밀고 나간다. 예를 들면 매일 같은 옷을 입거나 매일 같은 메뉴를 점심으로 먹는 식이다.

그 밖에 내가 휴식할 때 사소하게 하는 일들은 다음과 같다.


— 혼자 오랫동안 차를 마신다. 다기(茶器)와 찻잎이
　　떠다니는 모양을 구경하고 젖은 찻잎의 냄새를

맡는다.

— 아침에 일어나 손 가는 대로 일기를 쓴다. 쓰면서 앞으로 돌아가 문장을 다시 읽지 않고 다 쓰고 난 뒤에도 한동안 다시 읽지 않는다. 검열하지 않고 자유롭게 쓰기 위한 장치다.

— 동네에서 가장 석양이 아름다운 곳으로 가서 해가 다 질 때까지 아무것도 하지 않고 바라보기만 하다가 집으로 돌아온다.

— 요가를 한다. 너무 열심히는 하지 않는다. 다음 날 또 가고 싶을 정도로만 한다.

— 도시 곳곳에 있는 화단 혹은 작은 정원에서 살아가는 식물을 유심히 관찰한다. 비가 온 다음 날 얼마나 무성히 자라나는지를 살펴본다.

— 산책하며 새소리를 듣는다. 도시에 살아가는 새가 무척 많으며 시간대별로 새소리가 다르다는 것을 알아차릴 수 있다.

— 공원에서 햇빛을 받으며 누워 있는다. 엎드려 누운 뒤에 지나가는 개미를 관찰한다. 개미의 경로가 어떤 식으로 이어지는지 본다.

— 그날 먹을 식사를 그날 장을 봐서 해 먹는다. 요리

를 할 때 각종 식재료가 주는 다양한 시각, 촉각, 후각적 감각을 누린다.

— 커리어와 관계없이 오직 즐거움만을 위해 책을 읽는다.

— 좋아하는 사람과 같이 시간을 보낸다. 이때 개와 고양이가 보호자와 함께 있는 모습을 떠올리면 도움이 된다. 그들은 부러 웃거나 대화를 이어가려고 하지 않는다. 그냥 곁에 있을 뿐이다.

이러한 활동은 내게 휴식이다. 마음을 비우고 명료하게 해 준다. 기본적으로 생산성과 관계없이 오로지 순수하게 즐거움을 위한 활동을 한다고 생각하면 된다. 이 단순해 보이는 활동을 하기 위해서 나는 오랫동안 노력하고 있다. 예민한 인간으로 태어나 제정신으로 살아갈 수 있는 일상을 찾아가는 과정이다. 언뜻 무용해 보이는 시간은 이제 나의 삶을 지탱하는 중요한 의례가 되었다. 겉으로는 허송세월하듯 보일 수도 있지만 이 같은 고요한 시간은 무언가로부터 도피하는 것과는 무척 다르다. 조용히 시간을 보내는 동안 마음에서 아주 많은 일이 일어나기 때문이다. 어떤 공간이 비면 새로운 것이 차오르기 마련이다. 반대로 새로운 것이 차오르려면 비워 놓아야 한다.

예를 들면 나는 사람들 사이에 있을 때 즐거워하면서도 스트레스를 크게 받는 편이다. 매일 아침 차를 마시며 전날 사람들 사이에서 받았던 자극과 나의 반응을 돌이켜 보고 수없이 쏟아져 들어오는 자극을 감당하느라 지친 스스로를 도닥일 수 있다. 차를 마시면서 썼던 일기를 한 달쯤 뒤에 돌이켜 보면 인간관계에서 반복되는 패턴이 읽히기도 한다.

최근 유난히 크게 스트레스를 받고 위축되는 관계가 있다는 것을 일기를 통해 발견했다. 그런 날에는 파트너나 가족처럼 가장 가까운 사람에 대한 불만이 커지고 속으로 하는 불평도 많아진다. 나는 내가 괴로움이 반복되는데도 쩔쩔매며 해로운 관계를 끊지 못한 사실보다 애꿎은 파트너에게 화를 내면서 그것이 화날 만한 일이라고 정당화하고 합리적인 이유를 갖다 댔다는 것에 놀랐다. 나에게 온 부정적인 감정은 궁극적으로 그가 아닌 다른 누군가가 촉발한 것이었다. 차 마시기와 일기 쓰기는 밑 빠진 독에 물 붓는 것처럼 나의 에너지를 소진시키는 관계나 상황을 알아차리게 해 주고 장기

적으로 이런 관계나 상황을 줄이게 도와준다. 그러면 정말 놀랍도록 일상이 쾌적해진다.

쉬는 시간을 갖기에는 삶이 너무 바쁘다고 생각할 수도 있다. 그렇지만 쉬는 시간은 바쁘게 흘러가던 일과에 환기할 틈을 허락하여 삶의 방향을 재조정하고, 나아갈 길과 관계없는 것들을 줄여 일상을 간결하게 해 준다. 만날 필요가 없는 사람, 할 필요가 없는 일, 노력할 필요가 없는 프로젝트에 그동안 얼마나 많은 시간과 에너지를 써왔는지를 떠올리면 하루에 한두 시간쯤 고립되어 차를 마시는 것 정도는 생산성 측면에서 전혀 낭비가 아니다. 하고 싶지 않은 것을 안 하기로 할 때 생기는 여유와 힘이 무척 크고 많다.

## 텅 빈 나와 마주하며

쉬는 연습이 왜 필요한가? 생산성과 관련이 있는 그 무엇도 하지 않는 시간이 왜 필요한가? 여기까지 쓰다 보니 결국 쉼이란 빼곡한 일상에 공간을 불어넣는 일이라는 생각이 든다. 공간은 공간일 뿐 그곳을 채우는 내용은 저마다 다르다. 공간의 역할은 빈 공간을 만드는 것 그 자체다. 그곳에 무엇이 들어찰지는 사람마다, 또 때에 따라 다를 것이며 그편이 자연스럽다.

쉼은, 일상에 빈 공간을 만드는 것은, 온 콜 상태에서 벗어나는 일이며 바로 응답하라는 요청을 거부하는 일이다. 즉각적인 자극은 즉각적인 반응을 불러일으키고 그러다 보면 표면적인 현상 아래에 반복되는 어떤 것을 볼 수 없게 된다. 무엇보다 세상의 압력과 요구에 응답하느라 자기답지 않은 선택을 내리게 된다. 자꾸만 빠르게 응답하기를 요구하는 세상에서 쉼은 더 중요하고 더 본질적이고 더 진실한 것에 접근하기 위해 반드시 필요한 행위다.

사람들에게 어떤 삶이 더 좋은 삶인가를 가르칠 자격도 그런 소양도 없지만 적어도 나는 지금의 내가 원하는 것이 무엇인지는 안다. 이는 일상에서 충분한 휴식을 취해야만 알 수 있다. 나는 빼곡한 성취로 가득한 커리어가 아니라 일상에 더 자주 아름다운 순간을 목격하기를, 그런 순간을 만들어내기를 원한다. 더 많은 독자를 갖기보다 깊고 유의미한 단 하나의 관계를 제대로 만들기를 바란다. 칭찬받고 인정받는 일이 아니라 시대적으로 옳다고 여겨지는 것 너머를 사유할 정신의 자유로움을 찾고 싶다. 글쓰기를 통해 이 탐구를 지속할 수 있게 되기를 원하고 그 여정이 고행이 아니라 기쁨이길 바란다.

팔레스타인 작가 아다니아 쉬블리를 만났던 일을 짧게 소개하며 글을 마치고 싶다. 2023년 7월에 아다니아 쉬블리의 소설 『사소한 일』이 한국어로 번역 출간되고 같은 해 10월 이를 기념하는 행사가 한국에서 열렸다. 그 사이 하마스와 이스라엘 사이에 전쟁이 벌어졌고 프랑크푸르트도서전에서 계획되어 있던 작가의 시상식이 주최 측에 의해 일방적으로 취소됐다. 쉬블리는 자신이 한 약속을 지키기 위해 10월 예정대로 한국을 방문했다. 행사 날, 팔레스타인 작가로서 팔레스타인과 관련한 수많은 질문을 들고 참석했을 사람들을 앞에 두고 그는 당부했다. 하마스-이스라엘 전쟁과 관련한 질문을 하지 말아 달라고 말이다.

"때로 침묵이 더 강하기도 합니다. 여러분은 아마도 저에게서 듣고 싶은 이야기가 있겠지만, 때로 침묵이 훨씬 더 커다란 것을 내포하고 전달할 수 있다고 생각합니다."

쉬블리는 만들어진 기대에 부응하지 않는 것이 자

신에게 중요하다고 말했다. 기대는 때로 압력이 될 수 있기 때문이다. 쉬블리에게 문학은 도구가 아니며, 따라서 어떤 역할을 맡아야 하는 것이 아니다. 그에게 문학은 "어딘가로 들어갈 수 있는 문 또는 입구"다. 그 문학을 통해 우리는 불가능한 것을 가능하게 하는 환대의 공간을 만들어낼 수 있다.[2]

아다니아 쉬블리의 침묵. 팔레스타인 작가로서 자국을 대변하라는 요청과 압력에 부응하지 않는 것. 입장과 주장을 빠르게 정리하고 소리쳐 공표하지 않는 것. 이것이 당장 행동하고 응답하는 것에 비해서 더 낫거나 못하다고 누구도 판단할 수 없다. 그러나 최소한 그것은 아다니아 쉬블리가 원하는 바이고, 그렇기에 좀 더 그다운 것이다. '팔레스타인 작가'로만 소환되고 대표되는 일을 거부하며 자신의 고유함을 협상하지 않고 고수하는 일이기도 하다. 그런 시간과 태도가 아니었다면 『사소한 일』과 같은 소설은 탄생할 수 없었다. 무엇이 어떤 효과를 가지고 올지는 시간만이 말해 줄 것이다.

[2]  최재봉, 「시상식 취소당한 팔 작가 쉬블리… "때로는 침묵이 더 강해"」, 《한겨레》, 2023년 10월 24일.

Q  충분한 휴식을 위해
양보할 수 없는
조건이 있다면요?

Q  만약 충분히,
푹 쉬었다면 이제
무엇을 하고 싶나요?

혼자 있는 시간이요.

글쓰기를 비롯한 다양한 창작
활동.

글방

# 당신의
# 아무것도 하지 않는
# 시간

## 하미나와
## 독자들

하미나·김동현·김혜진·박혜연·손은숙·윤현정·최서연

[분류] #비우기

"친구들은 결혼을 하고 육아를 하고
대학원을 가고 뭐를 하는데
나는 그냥 오로지 이렇게 내가 하고 싶은 거
하면서 살아도 될까 하고요. 그렇게
고민하면서도, '모르겠고 이게 좋아' 하는 거죠."

"방금 '몰라. 근데 난
내가 하고 싶은 대로 할 거야' 하셨잖아요.
굉장히 흔한 말 같지만 그 자세가
무척 중요하다고 생각해요."

**하미나** 안녕하세요. 오늘의 모임 이끔이 하미나입니다.

모임을 시작하기 앞서 잠시 긴장을 푸는 시간을 가지면 좋겠어요. 간단한 요가 스트레칭으로 릴랙스한 후 글방을 시작하면 확실히 더 편하게 진행할 수 있더라고요. 앉은 상태에서 따라할 수 있는 동작이니 10분 정도 하고 다시 이야기를 이어가 볼게요.

[유튜버 '요가소년'의 "의자에 앉아서 하는 요가 스트레칭 2편" 영상을 공유한다.]

"장시간 앉아서 일하는 분들은 목과 어깨가 뭉치는 경우가 대부분인데요. 그 피로도는 이루 말할 수 없을 겁니다. 이 시퀀스를 구성하고 있는 동작 및 자세를 익혀서 일하는 중에 간간히 스트레칭을 진행하신다면 체감하는 피로도는 이전과 많이 달라질 거예요."

[요가 스트레칭 영상이 끝나고
온라인 글방에 잠시 정적이 감돈다.]

## 1. 공백을 채우는 분주함

**하미나**　오늘 글방은 한 분씩 돌아가면서 본인의 글을 낭독한 후 함께 이야기하는 방식으로 진행해 보려 해요. 글에 대한 피드백을 하기보다는 각각의 글에서 여러분이 좋았던 문장이나 공감했던 부분을 얘기해 주시면 좋겠어요.

　　이번 글방의 주제가 쉼이었잖아요. 여러분이 보내주신 원고들이 대체로 아주 빡빡하게 채우기보다 편안하게 써 내려간 글이라고 느꼈어요. 저는 그런 글에서 꼭 재밌는 것을 보게 되더라고요. 편하게 술술 써 내려간 글에서 평소 별로 중요하지 않다고 생각한 개념에 관한 독특한 생각이나 표현을 발견할 때가 있어요. 그런 것을 발견해 주는 것이 같이 글을 읽어 주는 사람들의 몫이라고 생각합니다.

첫 번째 글은 「공백을 대하는 자세」입니다. 한 번 쭉 읽어 주시겠어요?

[혜연 님이 「공백을 대하는 자세」를 낭독한다.]

"'쉼'이라는 단어를 봤을 때 마음이 놓이는 한편 어딘가 부담스러운 기분이 드는 현대인으로서, 쉰다는 것의 정의부터 쉽지 않다는 생각이 들었습니다. 사실 우리가 쉰다고 이야기하는 건 '생산적'인 활동의 여집합이 아닐까 해요. 가령 학생 때는 공부를 하지 않는 시간이었고, 직장을 다니는 동안은 일하지 않을 때처럼요. 이런 마음의 부담도 비생산적인 시간 자체에 대한 묘한 죄책감, '잘' 쉬어야 한다는 압박감에서 온다고 생각합니다."

**하미나** 제가 혜연 님 글에서 제일 좋았던 부분은 이 문단이에요. "토요일 저녁 '아무것도 하지 말아야지' 하고 누워서" "괜히 아무 플레이리스트를 틀어 봤고, 그 와중에 뭘 듣지 생각하느라 유튜브에 뜨는 플레이리스트를 기웃거리고, 음악을 틀고서도 2분 만에 딴짓을 하고. 핸드폰을 켠 김에 쌓인 알람 17개쯤을 적당히 무시하고".

글의 마지막에도 비슷한 얘기가 좀 나오는데요. 우리가 쉴 때 무료하게 있다가 쌓아놓고 읽어 보지도 않은 책을 들추거나 뜯지 않은 택배를 열고, 사은품이나 꺼내서 한 번씩 쓰다듬는다는 나열이 굉장히 인상 깊었어요. 사실 이런 사소한 일은 우리가 항상 겪는 것인데도 글에서는 대체로 생략하게 되잖아요. 굳이 말은 안하지만 사실은 모두가 하고 있는 일이 글로 드러난 것이 신선했어요.

**혜연** 이 글을 쓰면서 '나는 쉬는 날 뭐 하지'라고 떠올려 보니 아무것도 안 한다고 말하지만 사실 뭐라도 하면서 시간을 보내지 않나라는 생각이 들었어요. 이런 취지에서 그 '뭐라도 하는 일'을 열거하게 되었고요. 글을 쓰면서 쉬고 있는 친구들에게 지금 뭐 하고 있느냐고 물어봤는데, 다들 "아무것도 안 해." 하더라고요. "그래도 뭐가 하지 않았어?" 되물으니까 저와 비슷하게 택배만 뜯어 봤어, 분리수거 했어…… 라는 답이 돌아왔어요.

[침묵이 이어지는 가운데 동현 님이 처음으로 입을 연다.]

**동현**  저는 이 문장에도 공감했어요. "공백은 당연히 생기는 거고, 혼자 사니까 침묵은 당연한 건데". 하미나 님이 짚어 주신 것처럼 죄책감, 반성이라는 단어에 눈길이 가요. 월요일이면 주말 동안 더 잘 쉬었어야 했는데, 체력을 충전했어야 했는데라는 생각을 하게 되거든요. 알차게 쉬지 않고 그냥 쉬는 데서 오는 공백과 침묵이 사실 당연하다는 것을 짚어 준 문장이 인상적이었어요.

**하미나**  공백에 대한 이야기인데 정작 등장하는 사람은 굉장히 분주하다는 것이 흥미롭죠. 이런 생각도 들어요. 이렇게 만들어진 긴 시간은 스스로 뭘 하고 있는지 들여다보는 데 필요한 걸까? 우리는 쉬는 동안 마냥 수동적인 것이지 않고, 사실 끊임없이 움직이며 무언가를 만들어 내고 있어요. 그렇다면 쉬는 시간이란 그렇게 우리 안에 만들어지는 것을 적극적으로 들여다보기 위한 시간을 의미하지 않을까요.

다음 글도 이어서 들어 볼게요.

## 2. 쉬고 싶다, 바쁘고 싶다?

[혜진 님이 「너무 쉬고 싶다」를 낭독한다.]

"내가 포기할 수 없는 것은 내가 하고 싶은 것을 하는 나다. 쉬고 싶다는 생각이 들 때마다 내 욕망을 들어줄 수 없는 상태에 내몰린 것 같아 방어하고 싶어진다. 쉬고 싶다는 비명이 한숨처럼 새어 나올 때 비로소 알아차린다. 지금 내가 원하고, 원한다고 생각하고, 나의 에너지를 쏟고 있는 현재 상태가 사실은 내가 원하는 것이 아니라는 것을.

과부하로 죽을 것 같을 때 더 힘든 일을 하면서 다른 저부하 프로그램을 강제종료시키는 '초집중 상태'로 버텨 왔는데 그것도 이제 한계인 것 같다. 눈물도 안나고 쉬고 싶다는 생각도 안든다. 평소에 먹히는 쉼 메뉴가 소용이 없는 것도 당황스럽다. 이러다 강제 종료될 것 같아 위태롭다. 하… 너무 쉬고 싶다."

**하미나**  여섯 분의 글 중 혜진 님의 글이 제일 지쳐 있다는 느낌을 받았어요. 동시에 제일 에너지가 많은 분 같기도 한데요. 글의 흐름은 무척 재밌었어요. 의식을 따라가다 보면 필자가 스스로 뭘 원하고 뭐가 문제인지를 다 깨닫거든요? "두잉 모드에서 빙 모드로 전환하기"라는 해결책도 나와 있고요. 그런데 존재한다는 것만으로도 충분하다고 말하면서도 글의 말미에서 주말 계획을 바로 세워 버리는 흐름이 흥미로웠어요.

 "지금 내가 원하고, 원한다고 생각하고, 나의 에너지를 쏟고 있는 현재 상태가 사실은 내가 원하는 것이 아니라는 것을." 이 문장이 무척 신기했는데요. 주어가 모두 '나'라서 처음 읽었을 때는 무슨 말인지 따라가기가 어려웠어요. 내가 원하고 원한다고 생각하고인데. 저는 글쓰기 할 때 가끔 신기한 게 우리가 나라고 어떤 주어를 두고 글을 쓰는데 이 나가 되게 동일하지 않게 느껴질 때가 있어요. 이 나는 서로 어떻게 다른 인물일까? 이런 생각이 드는 신기한 문장이었어요.

**동현**  저는 다른 다섯 분의 글을 읽고 진짜 세상 사람들이 이렇게나 열심히 산다고? 이 생각을 되게 많이 했거든요. 그중에서도 혜진 님의 글에서 가장 강력한 에너지를 느꼈어요. 주말 쉼 계획에 "자격증 시험 전날에는 밤샘을 하더라도 부족한 공부량을 채워 보자. 그래도 한번의 기회가 더 있으니 너무 애쓰지는 말자." 가 있었는데 제발 더 공부 안 하고 쉬었으면 좋겠다 싶었어요.

**하미나**  (걱정하며) 밤새우지 마세요.

**혜진**  그날 저녁을 좀 맛있게 먹었더니… 20분간 눈만 붙이려던 것이 공부 안하고 그대로 잠들었어요.

**모두들**  잘했어요.

**혜연**  제가 공감한 부분은 이 문단이에요. "쉬고 싶다는 말을 하면서 한편으로는 얼마나 내가 쉬기 어려운지,

바쁜 상태인지, 바쁜 것이 얼마나 좋은 것이고 더 나은 상태인지 주장하고 싶어진다." 고백하자면 학창 시절부터 '바쁘게 살기 싫은데 지금 너무 바빠' 이렇게 말하는 것에 스스로 도취되는 게 있었거든요. 그래서 쉬는 날이면 무조건 쉬는 날에 할 수 있는 것들을 잡아 둔 편이었어요. 쉬는 날이 평일이면 평일에 가기 힘든 카페에 간다든지요.

근로자의 날인 내일 저는 우리 회사에서 유일하게 출근하는 사람인데요. 걱정하는 말을 들으면 '그러게요. 너무 바빠요.' 하고 우는 소리를 하면서도 속에는 다른 마음도 있어요. 이런 모순적인 상태가 공감 가서 좋았습니다.

[혜연 님의 노동절 출근 계획에 다들 탄식한다.]

**하미나**  이 문장도 좋았어요. "쉬는 것이 생산성을 회복하기 위해서가 아니라 온전히 기쁘기 위함이었으면 좋겠다." 사람들이 기쁘기 위해서 무언가를 하는 데 무척 인색하다고 느끼거든요. 오로지 기쁨을 위해서 어떤 일을 선택하는 것, 기쁨을 누리는 걸 꺼려 한다고 생각해서, 진짜 쉼에 이 또한 중요한 기준이라는 생각이 들었어요.

하나씩 쌓아 가면서 얘기하니까 좋네요. 그러면 한번 또 읽어 볼게요.


## 3. 쉼을 방해하는 마음

[현정 님이 「쉼, 아무것도 하지 않는 시간」을 낭독한다.]


"남들이 비울 때 하는 행동을 따라 해 봤지만, 아무런 효과가 없었다. 그래서 그냥 무작정 걸었다. 계획도 목적지도 없이 그냥 걷다가 다리가 아프면 눈에 보이는 벤치에 앉았다. 종종 자전거를 타고 멀리 가기도 했다. 멈추고 싶을 때는 멈췄다. 동네를 산책하며 새로운 골목길을 찾거나, 남의 집 건물을 구경했다. 햇살이 좋은 날에는 홍제천에 떠다니는 새를 하염없이 보거나, 이름 모를 풀꽃들을 카메라에 담았다. 전혀 생산적인 일이 아님에도 마음이 불편하지 않았

하미나와 독자들

다. 신기한 경험이었다. 걷다 보니 자연스레 햇빛을 많이 받을 수 있었고 기분이 평소보다 좋아졌다. 핸드폰을 보고 있지 않으니, 자연과 사람을 천천히 관찰할 기회도 생겼다. 자연스레 잡생각이 사라졌고 어지러웠던 마음도 어느 정도 정리가 되었다. 아, 나한테 맞는 쉼은 걷기였구나."

**하미나**  이 글을 처음 읽었을 때 너무 공감하며 이 부분에 밑줄을 그었어요. "쉴 때도 최대한 많이 경험할 것, 그것들을 모조리 기록할 것, 사진도 최대한 많이 찍어 둘 것. 이렇게 쉬면서도 죄책감을 가지지 않게 하는 장치가 내게는 늘 필요했다. 아무것도 하지 않고 쉬는 것은 나쁜 것, 게으른 것, 하면 안 되는 것으로 생각했기 때문이다." 우리는 언제부터 이런 생각을 하게 됐을까요? 쉬고 쉬는 것, 노는 것을 이토록 부정적으로 여기는 것이요.

문단 간 대비도 흥미로워요. 가령 두 번째 문단과 세 번째 문단을 보면 활동 자체는 사실상 비슷한 데 어떨 때는 쉬는 것으로, 어떨 때는 휴식이 아닌 것으로 구분돼요. 사진을 찍거나 기록을 하는 것은 쉬는 일이고, 외국어 스터디를 하고 책을 읽고 규칙적으로 운동 다니는 것은 그렇지 않고요. 앞선 논의와 연결했을 때 '아무것도 안 해'라는 말과 달리 실제 우리 일상은 굉장히 많은 활동으로 이루어져 있다는 것도 알 수 있어요. 여러 편을 읽을수록 그 점이 눈에 들어오네요.

**동현**   여섯 편 글의 색깔도 다 다르고 쉴 때 하는 것도 다 다른데 공통적으로 나오는 단어가 있는 점이 신기해요. 이번 글에도 '죄책감'이란 단어가 등장했고 '잘 쉰다'는 말, '생산성'이라는 단어가 나왔는데요. 사람들이 쉼을 생각할 때 이런 단어를 떠올리는구나 생각하면 흥미로운 한편 좀 슬프기도 해요.

**서연**   저도 쉼에 대해 얘기하는 글들이 전혀 쉬고 있지 않은 것이 의아했어요. 이유가 뭘까 진지하게 생각해보니 학창시절 시험 기간에 열심히 공부하는 친구들 사이에서 나만 공부를 안할 때 뒤처지는 듯한 느낌을 받는 게 시작이지 않나 싶어요. 그런 심리가 사회 생활까지 연장되면서 다른 사람은 열심히 일하고 성적을 내는

데 나는 자연을 보며 여유를 즐기면 죄책감과 조바심을 느끼게 되는 것 아닐까요.

**혜연**  예전에 본 「다운튼 애비」라는 드라마가 생각나요. 영국의 귀족 사회가 무너지기 직전이 배경인데요, 한 귀족 가문에 데릴 사위가 들어왔는데 그가 일을 한다고 하니까 귀족들이 "일을 해?"라면서 깜짝 놀라해요. 그 남자는 변호사였는데, 그래도 본인은 주말에도 쉰다고 말하니 귀족들이 이렇게 반응하더라고요. "주말이 뭐야?"

그런 걸 보면 일한다는 것이 미덕이 아닌 시절도 있었던 거잖아요. 어릴 때부터 일을 하고 바쁜 걸 좋은 것으로 여기고, '갓생'이나 '미라클 모닝' 유행도 사회가 이런 식의 미덕을 계속 재생산하는 게 아닌가 싶어요.

**혜진**  예전에 제니 오델의 책 『아무것도 하지 않는 법』을 읽으면서 쉬거나 무언가를 하는 걸 거부하려면 사실은 굉장한 안전망, 개인적인 여유, 사회적인 여유가 필요하다는 말을 본 기억이 나요. 『월든』의 저자 소로도 감옥에 있는 동안 금전적 지원을 해 주는 사람이 있었

기에 감옥을 가장 편한 쉼의 상태라고 말할 수 있었던
거죠.

[무릎을 치는 사람들.]

**하미나**    저는 "걸으면 걸을수록 실체 없는 조바심이
사라져 갔고"라는 문장도 눈에 들어왔어요. 앞서 혜
진 님 글에서는 내가 원하지 않는 것에서 벗어날 때를
쉰다고 표현했다면 현정 님은 쉴 때도 뭔가를 해야 한
다는 조바심에서 벗어날 때 쉰다고 느끼는 것 같아요.
저는 처음에는 쉼이라는 것이 일정이 없는 상태라고
생각했는데, 이게 우리 마음 상태에 달린 것일 수 있
겠어요.

   다음으로는 동현 님 글을 볼게요.


## 4. 마음까지 쉴 수 있을까

[동현 님이 「'쉼'과 '아무것도 하지 않기' 사이」를 낭독한다.]

"일을 하지 않는다는 점에서 '쉼'이 일종의 부작위라면 '아무것도 하지 않기'가 오히려 생각마저 하지 않기 위해 부단히 애를 써야 하는 까다로운 과정이라는 점에서 작위에 가까운 게 아닌가 하는 생각마저 든다. 그러나 아무런 생각도 하지 말아야지 하고 결심하고 애를 쓴대도 대개는 소용이 없다. 엄밀히 따지자면 아무것도 하지 않아야겠다는 생각을 '하는' 순간 이미 '아무것도 하지 않는' 데에는 실패하게 되는 슬픈 역설이 발생한다. 그만큼 아무것도 하지 않기에 성공하기가 쉽지 않다는 뜻이다."

**하미나**  여기까지 읽다 보니 모든 사람이 쉼이라는 주제를 대체로 의아함에서 시작한다는 것을 알게 됐어요. 많은 글쓰기 수업을 해 왔지만 이렇게까지 모두가 의아해하는 글감은 잘 없는 것 같아요.

저는 쉼의 정의가 물질적인 몸을 편안하게 쉬는 것이라고 인용되어 있는 점이 눈에 띄었어요. 동현 님의 글에서 올바로 지적하듯이 우리가 몸에 대해서 쉬자는 처방을 내리지만 사실은 몸이 쉬고 있어도 우리의 정신은 쉬지 않잖아요.

다음과 같은 마무리도 굉장히 좋았어요. "〔아무것도 하지 않는 쉼을 원하는〕이유 역시 생각하기를 멈추고 싶은 마음에 있을 것이다. 육체만 쉬는 것을 넘어 머릿속을 비운 채 정신까지도 쉴 수 있도록 생각조차 하지 않기." 근데 이렇게 하기란 거의 불가능하죠. 우리가 의식을 잃지 않는 한.

**서연**  앞서 하미나 님이 우리가 아무리 쉬어도 마음이 편치 않으면 쉬지 않는 것 같다는 맥락의 말씀을 하셨는데 그 얘기가 이 글과 가장 잘 맞았던 것 같아요.

또 "여러 까다로운 조건을 덜어 내고"라는 부분이 가장 공감 갔어요. 저도 쉬기 전에 계속 쉼의 조건을 붙이는데요. 한 주가 굉장히 바빴다면 쉴 자격이 있다고 생각하고, 한가한 편이었다면 휴일에도 쉬면 안 되겠다 하는 식으로요. 계속 스스로에게 양해를 구하거나 허락을 받는 경우가 잦네요.

**하미나**  이 정도 가니 아무것도 하지 않는다는 것이 진짜 얼마나 어려운 일인가 느껴지기도 하는데요. 꼭 신체적인 행동이 아니더라도 각자의 마음에서, 사람들이 티백을 울리다가 그걸 3분을 못 기다려서 다시 핸드폰을 가지고 오고 이런 모든 과정에서 매 순간 매 초마다 무언가가 계속 벌어지는 것처럼 보여요. 마음에서도 행동에서도 뭔가가 일어나는데 스스로 멈출 수 없다면 쉼과 생산성이라는 구도에서 생산성이라는 말이 부정확하다는 생각도 들어요. 걷거나 차를 마시거나 명상하는 일이 한 사람의 내부에서 어떻게 이루어지는지를 들여다보면, 사실 엄청나게 많은 것들이 끊임없이 생산되고 있다.

**동현** 바로 앞에서 현정 님 글을 읽으며 저는 홍제천을 걷는 내용이 가장 좋았는데, 홍제천 걷기 묘사에서 '잡생각이 사라졌다'는 내용이 들어 있기 때문이었어요. 그 부분을 보니 이건 진짜 쉰 거구나, 아무 생각도 없이 쉬었다는 것이 전달되어서 저도 같이 휴식하는 기분을 받았던 것 같습니다.

# 5. 스스로 정하는 공백기

[은숙 님이 「쉼에 대한 강박에 관하여」를 낭독한다.]


"특히 30대가 되어 일과 삶에 대한 균형을 주체적으로 할 수 있는 직급이 되면서 쉼에 대한 고민이 많아졌다. 이렇게 시간을 보내도 되나? 이렇게 시간을 누려도 되나?

몇 년 째 고민하고 있는 갭 이어(gap year)에 대해서도 생각이 정말 많아진다. 내가 있는 회사에서는 안식년, 안식월 같은 복지가 없기 때문에 나를 위해 갭 이어를 가지려고 한다. 하지만 이런 내 고민에 대한 다른 사람들의 반응들도 회사 관두고 뭐하려고 그래? 라는 반응이 대부분이라서 완벽한 타이밍의 갭 이어를 가지기 위해 고민 중이다."


**하미나**  갭 이어 너무 좋을 것 같은데요? 꼭 하시면 안 돼요?

[좌중이 동조하며 아우성친다.]

**은숙**　네, 꼭 하고 싶은데… 여러분의 의견을 죽 듣고 제 글을 다시 읽으니 저에게도 일도 잘해야 되고 쉬는 것도 잘해야 된다는 마음이 있는 것 같아요. 잘 쉬어야 된다는 강박이 담긴 글인 것 같아서 생각이 많아지네요.

**하미나**　저에게는 강박과는 다른 태도로 보여요. 제일 인상적이었던 문장은 이 부분이었거든요. "이렇게 시간을 보내도 되나? 이렇게 시간을 누려도 되나?" 굉장히 짧게 스쳐 가는 문장인데요. 이미 이 화자는 잘 쉬고 있는 것처럼 보이고 또 기회가 닿으면 더 쉴 생각도 있어 보인단 말이에요. 갭 이어를 고민하는 걸 보면요. 근데 그것을 실행하려는 자신의 마음에 대해서는 망설이는 것이 엿보여서 그 점이 흥미로웠어요.

**은숙**　진짜 제가 정말 자주 하는 말이에요. 방금 말씀하신 그 문장을 평소에 친구와 가족들이랑 대화할 때도 자주 꺼내요. 그 부분을 정확하게 관통하셔서 깜짝 놀랐어요.

**하미나**  왜 이렇게 시간을 쓰면 안 될 것 같나요?

**은숙**  그냥 무의식적으로 나오는 말 같아요. 지금 계속 언급되는 생산성이나 '갓생' 같은 것을 저는 하지 않으며 살고 있거든요. 친구들은 결혼을 하고 육아를 하고 대학원을 가고 뭐를 하는데 나는 그냥 오로지 이렇게 내가 하고 싶은 거 하면서 살아도 될까? 하고요. 그렇게 고민하면서도 "모르겠고 이게 좋아." 하는 거죠.

**서연**  방금 "몰라. 근데 난 내가 하고 싶은 대로 할 거야"라고 하셨잖아요. 굉장히 흔한 말 같지만 그 자세가 무척 중요하다고 생각해요. 일을 하든 쉬려고 마음을 먹든 자꾸 남들과 비교하게 되잖아요. 결혼을 하고 커리어를 쌓아서 더 좋은 직장으로 가는 사람들이 계속 눈에 보이는데, 솔직히 그런 사람들이 주변에 없으면 혼자 알아서 잘 쉴 수 있을 거예요. 글방에서 공통적으로 쉼에 대해서 계속 망설이는 모습을 보이는데, 그 이유가 이런 비교인 듯해요.

**동현**  맞아요. 제 주변에는 제가 쉬는 것에 죄책감을 느끼게 할 만한 사람이 잘 없어요.지난 몇 년간 너무 열심히 사는 사람들을 조금씩 멀리하려 노력하며 지냈는데, 물론 단점도 있지만 있지만 제 삶에 대한 만족감은 커졌거든요.

**서연** 이런 것이 한국인의 고충인 걸까요, 아니면 인간이면 어쩔 수 없는 걸까요? 이런 인간의 모습을 인정하고 쉼에 대한 생각을 더 편안하게 먹는 것도 정신 건강에 좋을 것 같아요.

**혜연** 갭 이어 이야기도 나왔는데요. 저는 중고등학교를 조금 빡빡하게 보냈어서 대학교 졸업 후 갭 이어를 갖고 싶었어요 방학마다 계절학기를 듣고 학기도 24학점을 꽉 채워서 조기졸업하고 2년을 진짜 생으로 놀았어요. 요즘 식으로 말하면 공백기일 텐데요.

당시 주위의 반응은 반반으로 나뉘었어요. 나중에 공백기 어떻게 하려고 그러냐는 친구도 있었고 지금까지 열심히 한 게 아깝지 않느냐고 묻는 사람도 있었고요. 그런데 막상 2년이 지나서 사람들이 쉬는 동안 뭘 했냐고 물었을 때 "저 진짜 그냥 쉬고 싶어서 놀았어요."라고 말하니까 생각보다 반응이 그렇게 나쁘지 않아요. 오히려 젊을 때 잘 놀았다, 나도 한 번 쉴 타이밍이 있었는데 이런 말씀 많이 하시고. 경험자로서 우리가 생각보다 갭 이어나 노는 시간에 너그러운 사회에 살고 있다라는 말을 나누고 싶습니다.

**은숙**  제가 갭 이어에 관심이 많아서 찾아보니 혜원 님이 말씀하신 것이 실제 갭 이어의 어원이더라고요. 외국에서는 고등학교를 졸업하고 대학 진학 전에 갭 이어를 가진다고 해요. 지금은 제가 나이가 좀 찼기 때문에 좀 더 고민을 하게 되는 것 같아요. 갭 이어를 갖기는 할 테지만 후회 없이 하고 싶어서……완벽한 타이밍을 갖기 위해서 고민 중인 것 같습니다.

**혜연**  오히려 놀다 보면 새로운 길이 열리지 않을까요? 저도 놀면서 전공을 바꿨거든요. 우연히 새로운 길이 열리길 기대하면서 꼭 잘 쉬셨으면 좋겠어요.

**은숙**  응원 감사해요.

# 6. 쉬기 위해 살기

[서연 님이 「이미 쉬고 있다」를 낭독한다.]


"인간은 이 세상을 향해 어떤 표정을 지어야 하는 것일까 인간은 삶에 있어서 어떤 태도를 취하며 존재해야 하는 것일까 난 그 본질이… 그의도가 궁금하다 나를 이 세상의 인간으로서 있게 하는 그 의도가.

한평생의 쉼을 목적으로 왔다가 정말이지 쉼만 누리고 가는 판타지 인생에 대해서 써 보려는데 아무리 생각해도 물음표만 가득이다. 첫 문장으로 그곳은 평안하냐고 그 세상 속 생명들에게 묻고 싶다. 어쩌면 지금 내가 내 인생을 살아가는 데에 있어서 꼭 필요한 질문을, 비슷한 듯 더 우월한 그곳 사람들에게 해답을 얻고 싶다. 그소설 속 인간들은 오로지 쉼만을 알 것이니, 그곳도 쉼이 곧 삶이기 때문이다."


**하미나**  서연 님 글도 진짜 흥미로웠는데 저는 한 번도 이런 식으로 생각해 본 적이 없어요. "돌이켜 보면 난 지금까지 살기만 했다. 아니 쉬기만 한 것 같다." "인생이 곧 쉼이었다." 글의 처음에 등장하는 이 포부가 무척 인상적으로 다가왔고요.

이 부분도 밑줄 그었는데요. "쉬지 않는 시간도 결국 쉬는 시간을 위해 존재하는 것이다." 저는 이번에 글 쓰면서 느꼈는데 제가 자꾸 쉬는 시간도 사실은 일하기 위한 시간으로 생각해 버리는 버릇이 있는 거예요. 내가 몸을 가볍게 해서 다음번 펀치를 잘 날리기 위해서 쉬는 것이라고 생각하고 있었는데 서연 님은 반대로 쉬는 시간을 위해 쉬지 않는 시간이 있다고 말하고 있어요.

"인간은 이 세상을 향해 어떤 표정을 지어야 하는 것일까. 인간은 삶에 있어서 어떤 태도를 취하며 존재해야 하는 것일까." 이 부분도 좋았습니다. 세상에 대해 그렇게까지 우리가 적극적인 뭔가를 할 수는 없지만 태도나 표정 정도는 바꿀 수 있다는 그 정도의 행위성을 짚은 점이 눈에 들어왔어요.

**서연**  제가 이 문장을 쓰면서 의도했던 것을 정확히 말해 주셔서 살짝 놀랐어요. 내가 이 세상에 뭘 해 봤자 뭘 얼마나 하겠냐, 나 까짓 게. 내가 이 인생을 잘 앞으로 살아가기 위해서 내가 취해야 하는 자세나 표정 정도는 제 마음대로 할 수 있는 거니까.

**동현** 꾹꾹 눌러 쓴 것 같은 문장이 많아서 생각이 많은 분이라는 감상도 들었어요. 한 문장을 쓰면서도 엄청 많은 생각이 풍선처럼 떠올랐다가 이걸 다시 압축해서 하나의 문장으로 만드는 식으로 문장을 쓰시는 게 아닌가 그런 생각이 들었거든요.

**은숙** 저도 제목부터 글이 심상치 않겠다는 느낌을 받았어요. 조금 시니컬한 부분도 있어서 생각할 지점도 많아졌고요. "삶이란 뭘까, 나는 왜 죽는 날을 디데이로 정해 놓고 카운트다운을 하며 하루하루를 없애 버리는 나의 모습이 떠오를까." 이 부분은 너무 나 자신 같아서 공감이 가면서도 반성을 하게 됐어요. 제가 회사에서 이렇게 지내고 있거든요.

**하미나** 저는 마지막 글까지 읽어 보니까 쉰다는 것에 대해 이런 이미지가 생겼어요. 내 안에 어떤 공간이 있어서, 때때로 '이게 뭐 하는 거지? 내가 지금 뭐 하고 있는 거지?' 약간 이 물음표를 가지고 잠깐 돌아보는 그런 공간이 생긴다는 느낌을 받고 있어요.

제 얘기를 조금 더 하자면 첫 책을 내고 나서 너무 너무 일하기가 싫어진 거예요. 책을 낸 후에 북토크도 인터뷰도 굉장히 많이 하면서 스스로를 많이 노출하는 상황에 처했고, 갑자기 너무나 숨고 싶다는 열망이 차올랐어요. 그래서 인세 들어온 것을 받아서 바로 하와이로 떠나 버렸어요. 진짜 아무것도 안 해야지라는 생각이었는데, 희한하게도 그 쉬는 기간에 다음 책의 주제에 영향을 주는 많은 일이 내적으로 일어났어요. 하와이는 코리안 아메리칸의 시작이고, 이를 계기로 한국 밖에서 한국의 역사를 보는 것에 관심이 생겼어요. 베를린도 오래 전부터 한국인들이 많이 이주해 온 곳이잖아요. 자연스럽게 디아스포라 이슈에 관심이 생겼어요.

쉰다고 생각했지만 사실은 일과 휴식의 경계가 굉장히 모호하다는 생각이 들어요. 그런데 일이 쉬는 것의 일부라고도 할 수 있을지는 모르겠어요. 아까 말씀드렸던 것처럼 내 안에서는 뭔가가 늘 일어나고 있고

하미나와 독자들

그것을 멈추지는 못해요. 다만 다른 사람들이 내게 주는 압박, 내가 스스로에게 가하는 압박으로부터 벗어나 어떤 시간과 공간을 가진다면 그곳에서 내가 진짜로 무엇을 원하는지나 완전히 새로운 것이 많이 벌어진다는 생각이 들었어요.

[낭독을 모두 마친 뒤 편안한 표정의 참가자들.]

**하미나**  시간이 거의 다 돼서 소감 나누면서 끝을 내려고 해요. 궁금해요. 사실 쉼을 주제로 하면서 또 과제를 내는 건 아닐까 하는 고민도 있었거든요.

**은숙**  저는 솔직히 좀 도망가고 싶었거든요. 과제를 일요일 밤까지 작성하라는 말에 정말 이거 괜히 했다, 싶다가도 글쓰기 자체는 즐거웠어요. 오늘 모임은 여섯 분의 의견이 이야기가 너무 다양하고 그걸 통해서 서로 소통하고 서로 좋아하는 지점이 또 달라서 글쓰기보다도 더 재밌었어요. 제가 가는 독서모임과는 또 다른 느낌을 받았어요. 왜냐면 우리는 글쓰기를 했잖아요.

**현정**  저는 사실 팬 미팅하는 느낌으로 오늘 이 수업을 들었어요. 〈민음사TV〉도 열심히 보고 하미나 작가님의 책과 〈더 커뮤니티〉도 재밌게 봐서 이번 글방에 지원을 했거든요. 이번 한 주가 너무 바빠서 글 쓸 시간이 많지 않았지만 이렇게 글감을 갖고 글 쓰는 것 자체가 오랜만이어서 즐거웠어요. 하기 전에는 긴장도 되고 압박감도 약간 있었는데 다 하고 나니 쉼의 시간이 아니었나 싶습니다.

**서연**  저도 팬 미팅하는 것 같아서 이 시간 자체가 너무 귀했고요. 저의 글을 직접 읽고 저의 생각을 밝히고 또 의견을 서로 나누는 시간이 처음이라 부끄럽기도 했는데, 이런이런 부분이 좋았다고 말씀해 주셔서 정말 감사했어요.

**동현**  저만 팬미팅 온 게 아니었군요. 다 비슷한 마음이었다고 하니까 안심이 되네요. 글을 쓰고 글방에 참여하면서는 너무 많은 이야기를 하다 보니 미처 소화하지 못한 부분이 남은 듯해서 그 부분은 조금 아쉬웠는데요. 하지만 글방에 참석하기 위해 글을 쓰는 과정 자체가 중요하다는 생각이 들었어요. 짧은 시간 글을 쓰면서 고통스럽고 후회도 됐는데, 그런 과정을 견뎌야 또 다음 글을 쓸 수 있고 더 좋은 글을 쓸 수 있을 테니까요. 이런 것을 배우려고 사람들이 글방에 참여한다는 걸 느꼈어요.

**혜연** 솔직히 말하면 모임 시간이 4월 30일 오후 7시 반이라길래, 여기에 신청한 사람들은 분명히 정말 쉬려는 사람들은 없고 되게 열심히 사는 사람밖에 없을 것이다라는 생각을 했었어요. 글을 받으니 열심히 쉬겠다는 일념 아래 글을 쓰는 고뇌와 번뇌와 시간을 보내고 또 모임 내내 성실하게 참석하시는 여러분을 보면서 생각이 다르지 않았다 싶었어요. 역시 쉬는 것도 잘 일하는 사람들만이 할 수 있는 특권이 아닌가? 하는 생각을 하게 되었네요.

저는 직업상 글을 많이 쓰기는 하는데 저는 사실 남의 어떤 사건 같은 거 요약을 하거나 남의 주장을 옮기는 걸 더 많이 해서 제 감정을 표현하는 굉장히 오랜만이었어요. 그래서 사실 이 시간이 되게 신기했고 나눌 수 있어서 기뻤습니다.

**혜진**  다들 굉장히 귀한 시간 내 주시고 제 이야기를 같이 들어 주시는 게 너무 신기했어요. 저는 글을 내는 것만 생각하고 글을 같이 읽게 된다는 것을 다른 분들의 글을 받고서야 알았거든요.

사람이 너무 힘들면 서사를 아예 소화를 못해서 넷플릭스 드라마도 못 보는 순간이 있잖아요. 예전에는 블로그나 브런치도 열심히 했는데 최근 3년간 글을 하나도 못 썼어요. 이번에 정말 오랜만에 완결된 글을 썼어요. 글에 대한 내용이나 저의 이야기만이 아니고, 문장이라든지 표현이나 구성에 대한 이야기를 하면서 화자라고 지칭해 주시는 것도 굉장히 신기한 경험이었어요.

다음에 나올 《한편》이 기대돼요. 제가 첫 호부터 쭉 챙겨본 잡지인데, 다음 호에 실릴 하미나 작가님의 초고를 먼저 읽은 것도 좋았고 여기에 뭔가가 더 추가되어 나온다고 생각하니 괜히 이상한 기분이에요. 오늘을 잘 기억해야겠다, 그런 생각을 했습니다.

**하미나**  좋다. 뭔가 시작할 때보다 표정이 더 밝아지신 것 같아서 뭔가 기분이 좋네요. 여러분과 의견을 나눈 것이 큰 도움이 되었어요. 여러분 오늘 참여해 주셔서 감사드리고요.

바보 같은 시간을 많이 보내시길 바라요. 생산성과 관련 없어 보이는 바보 같은 시간들을 많이 보내면서 지내시길 바랍니다.

에세이

# 도망치는 것도
# 때로는 도움이 된다

## 김진영

김진영　　다큐멘터리스트이자 콘텐츠 디렉터. 지독한 번아웃을 겪으며 일하는 마음에 대한 다큐 에세이 『우리는 아직 무엇이든 될 수 있다』를 썼고, 일과 삶의 중심을 찾기 위해 서울을 떠나는 마음에 대한 책 『out of seoul』을 썼다. 좋은 결과물을 만들어 내는 과정과 태도에 관심이 많다.

[분류] #떠나기

"살면서 다시는
마주치지 않을 사람들과의
매일 같은 라이브 면접에
나는 어느새 '쉼'이 아니라
'삶'을 생각하게 되었다."

또다시 다리조차 제대로 펼 수 없는 85×45센티미터짜리 작은 공간에 몸을 잔뜩 구겨 넣고 19시간을 날아왔다. 2021년 5월 처음 도망치듯 서울을 떠난 이후 여행인 듯 여행 아닌 이러한 여정도 벌써 열 번째다.

4년 전 문자 그대로 어느 날 갑자기 극심한 번아웃이 찾아왔다. 최소한의 대비를 할 새도 없이 엔진이 꺼져 버렸다. 번아웃은 생각보다 무서웠다. 일에 대해서만 무기력해지는 것이 아니라 삶에 대한 의지까지 앗아 갔다. 아무것도 하고 싶지 않다는 생각은 '왜 살아야 하지?' 하는 생각까지 이어졌다. 먹고 싶지도, 자고 싶지도 않았다. 죽어 버려야지, 어떻게 하면 삶을 끝낼 수 있을까 하는 생각은 오히려 의지가 필요한 일이다. 이렇게 며칠이고 시간이 흐르면 삶이 끝나 버리겠지, 그러면 정말 아무것도 안 해도 되겠다의 상태에 나를 내버려 두는 것이 내가 낼 수 있는 유일한 의지였다.

번아웃을 직접 겪기 전에는 그저 틈틈이 쉬면 될 줄 알았다. 일과 삶의 긴장을 잘 유지하는 것이 '일을 잘하는', '자기 관리를 잘하는' 능력 중 하나라고 생각했다. 퇴근 후나 주말이면 서점에 가고, 좋아하는 TV 프로그램을 밤을 새워 보고, 다양한 장르의 전시를 챙겨 보고, 여러 자극을 주는 사람들을 만났다. 쉬는 시간을 채우는 모든 활동들은 영감이 되었다. 그렇게 얻은 영감은 늘 일의 소중한 자양분이 되었고, 쉬면서도 일에 도움이 되는 아이디어를 얻는 삶이 더없이 만족스러웠다. 일과 삶이 완벽하게 조화를 이루고 있다고 생각했다. 하지만 사실은 완전한 착각이었다. 10년이 넘는 시간 동안 일하면서 쉼이라고 생각했던 것들은 그 무엇도 쉼이 아니었다. "좀 쉬어." "쉬면 나아질 거야." "푹 쉬고 나면 다시 일하고 싶어질걸?" 위로와 조언조차 버거웠다.

김진영

## 일단 서울에서 먼 곳으로

무작정 현실과, 일과 삶과, 서울에서 먼 곳으로 도망쳤다. 더 적극적으로 단절될 수 있도록 이왕이면 서울과 낮과 밤이 다른 곳이면 더 좋겠다 싶었다. 한창 코로나가 창궐하던 시기여서 해외 입출국이 무척 까다로웠다. 시스템이 지정해 준 대학병원에서 5초짜리 음성 판정 검사를 위해 네 시간을 기다리고, 증빙 서류 발급에만 10만 원 가까이 지불해야 했다. 한국에 돌아와서도 2주간 자가 격리를 했다. 하지만 어차피 앞으로 삶의 방향이나 계획을 알지도 못했고, 세울 의지조차 없었기 때문에 시간이나 비용 같은 것은 아무런 상관이 없었다. 속옷, 최소한의 옷가지, 콘택트렌즈와 현금. 정말 필요한 것만 챙겨서 도망쳤다.

2021년 5월 처음 시애틀에 갔을 때, 나를 살린 건 정말로 원초적인 것들이었다. 집 근처 마트에서 그날그날 상태가 좋아 보이는 식재료를 골라 하루에 두 끼를 꼬박 해 먹었다. 매일 일정한 시각에 일어나 일정한 시각에 잠들었다. 낮에는 공원에 나가 누워 있거나 수영을 했다. 그간 관심을 두지 않았던 곳이었기에 구글 맵에 저장된 장소가 하나도 없었다. 상관없었다. 나를 돌봐주는 친구 가족의 일상에 맞추어 그저 하루하루를 살았다.

유학길에 오른 남편을 따라 시애틀에 간 친구는 20개월짜리 딸을 키우고 있었다. 15년 전 우리는 매일 신문을 읽고 온갖 TV 프로그램을 모니터링 하며 서로가 쓴 논술과 작문, 방송 기획안에 대한 피드백으로 대화를 채웠다. 하지만 이제 관심사는 오직 내일은 무엇을 해 먹을까, 내일은 두 살 난 조카와 어떻게 시간을 보낼까뿐이었다. 아무것도 기획하지 않아도 삶은 이어졌다.

그렇게 두 달씩, 시애틀로 두 번 도망쳤다. 갈 때마다 환율이 요동쳤지만 늘 가장 좋은 방을 내어준 친구가 있었기에 가능했다. 지독한 번아웃과 우울증에 허우적거리며 매일 밤 울며 한숨도 못 자는 바에야 차라리 시간과 돈을 펑펑 쓰며 삶을 이어 가라고 응원해 준 가족이 있었기에 가능했다. 글로벌 체인의 호텔에 다니는 친구는 이왕 서울에서 도망친 김에 근사한 곳에서도 시간을 보내라며 파격적으로 할인된 객실을 두 주간 제공해 주기도 했다. 또 다른 친구는 서울로부터의 도망에서 길어 올려지는 삶의 에너지를 놓치지 말고 부여잡으라고, 아직 쓰지도 않은 나의 이야기에 용돈을 '투자'해 주었다. 도망치고 싶었던 나의 세계로부터 오히려 도망을 응원받고 있었다.

## 시애틀에서의 일상

방향도 의도도 없이 페달을 굴리다 보니 꺼져 버렸던 엔진에 조금씩 시동이 걸렸다. 집 앞 마트와 공원에서, 카페와 로컬 시장에서 마주하는 사람들의 모습이 서서히 눈에 들어오기 시작했다. 그동안 잊고 있었던 삶의 장면들. 물리적으로 혹은 정신적으로 안간힘을 쓰며 얻고자, 보여 주고자, 경험하고자 하는 것들이 아니라 그냥 흘러가는, 혹은 존재하는 것 자체만으로도 의미 있는 시간의 순간들 말이다. 그리고 그런 순간에는 꼭 숨결을 불어넣는 마법 같은 스몰토크가 있었다.

"How's it going(어떻게 지내)?"으로 시작되는 그들의 습관적 스몰토크는 지나가는 행인 1일 뿐인 나에게 이름과 정체성과 이 세계에서의 목적 혹은 역할을 부여했다. 그들은 내가 얼마나 대단한 회사에 다니는

지, 어떤 프로젝트를 성공시켰는지, 연차가 몇 년이고, 내 대표 콘텐츠의 조회수나 매출이 얼마인지에 대해서는 전혀 궁금해하지 않았다. 대신 내가 나의 일을 왜, 어떤 가치관과 신념으로 하는지, 어떤 점에서 즐거움을 얻는지, 나는 앞으로 어떤 삶을 살고 싶은지, 삶에서 즐거움과 행복은 무엇인지, 오직 나의 생각과 이야기를 진심으로 궁금해했다. 진정성이 떨어지는 나의 답변에는 귀신같이 눈빛이 바뀌었다. 살면서 다시는 마주치지 않을 사람들과의 매일 같은 라이브 면접에 나는 어느새 '쉼'이 아니라 '삶'을 생각하게 되었다.

그간 서울에서 생존해 온 삶의 방식, 일과 쉼의 사이클에서 쉼은 사실 어떤 유형의 자극에 대한 반대말 같은 것이었다. 어릴 적 물리 시간에 배웠던 작용과 반작용의 법칙처럼 말이다. 일이 주는 스트레스나 희열에 반응하여 생긴 관심사와 욕구, 목표와 목적이 쉼에 반영되었다. 일을 더 잘하고 싶고, 더 좋은 콘텐츠를 만들고 싶고, 더 영향력이 큰 프로젝트를 기획하고 싶어서 나머지 삶의 시간과 공간과 관계를 사용했다. 그렇게 더 큰 힘을 가진 쉼의 반작용은 일의 스트레스와 희열을 다시 증폭시켰다. 무한 도파민의 사이클에서 분명

나는 성장했지만 동시에 엄청나게 소모되고 있었다. 이 사이클을 깨뜨리지 않고는 언제고 번아웃을 겪을 수밖에 없을 것 같았다.

하지만 나를 둘러싼 모두가 트렌드에 민감한 기획자의 삶을 사는 것 같은 서울에서, 극도로 세련된 감각을 추구하는 콘텐츠와 브랜드 업계에 몸담고 살면서 이 무한 도파민의 사이클에서 벗어날 수 있을까? 그리고 내가 후회하지 않는 선택을 할 수 있도록 기준이 되어줄 내 스스로의 레퍼런스를 건강하게 지킬 수 있을까? 자신이 없었다. 대신 나는 때때로 서울을, 내가 살아남아야 하거나 살아남고자 하는 현실을, 일과 삶을 도망치기로 했다. 그리고 이 도망에 '아웃오브서울(out of seoul)'이라는 이름을 붙였다. 그리고 틈만 나면 도망을 쳤다.

사흘이고 일주일이고, 그 누구도 아닌 나 스스로 당장 눈앞에 보이는 현실에 나를 매몰시킬 때마다 멀리 멀리 날아갔다. 도망칠 구석과 명분이 생기니 삶은 한결 가벼워졌고, 내가 살고 있는 세계에 대한 인식은 더 넓어졌다. 지금 서울 성수에서 가장 유행하고 있는 콘텐츠나 브랜드 프로젝트를 근사한 시애틀 독립서점의

사장님은 들어본 적이 없다고 한다. 그러면서도 그는 1000명도 읽지 않은 서울에 대한 다큐에세이에 대해서는 커다란 관심을 보였다. 작은 성취도, 큰 실패도 아주 커다란 그릇 안에서는 별 차이가 없다고 생각할 수 있게 되었다.

## #아웃오브서울

2024년 4월, 열 번째 아웃오브서울의 첫 번째 날. 수하물이 없어졌다. 아예 경유지에서 비행기를 안 탔다고 하는데 영 불안하다. 경유지였던 시애틀에서 피닉스로 오는 비행기가 아직 남아 있으니 그걸로 오늘 밤 안에 도착할 거라고, 숙소로 바로 부쳐주겠다고 했지만 믿을 수가 없다.

피닉스 공항에 내렸을 때 볕이 너무 예뻤다. 해질녘의 애리조나를 나는 정말 좋아하는데 그걸 괜히 사진으로 찍겠다고 한참 시간을 썼다. 수하물 찾는 곳에 도착했을 땐 카루셀에 남아있는 가방이 없었다. 처음엔 현실 인식이 잘 안되어서인지 어처구니가 없고 오히려 상황이 너무 웃겨서 딱히 화도 안났다. 항공사

김진영

사무실에서 어메니티 파우치 하나 덜렁 주며 뻔뻔하고 유쾌하게 "가서 맛있는 거 먹고 저녁을 즐겨! 어디서 묵니? 템피? 야, 내가 직접 배달 가도 되겠다." 하길래 나도 함께 허허 웃어 버렸다.

약속한 시간이 한참 지났는데 아무런 연락이 없다. 전해 받은 디짓코드는 트래킹이 안 된다. 트래킹이 안 되면 연락하라고 한 번호로 전화해 보니 이미 영업종료다. 가장 난감한 건 콘택트렌즈. 어쩌자고 가장 중요한 걸 위탁수하물에 넣었을까. 닥터마틴과 수영복, 하이킹용 여분 신발, 코첼라에서 입으려고 산 드레스. 쓸모없는 물건만 기내 캐리어에 갖고 탔다.

누군가와 함께였다면, 이게 하루하루를 아껴서 충분히 누려야 하는 여행이었다면 화도 나고 짜증이 났을 것 같은데 지금은 내 마음먹기에 모든 게 달렸다는 생각이 든다. 어쩔 수 없잖아? 고작 짐가방 하나가 나의 기분, 나의 아웃오브서울을 망치게 두고 싶지 않아! 같은 생각을 하게 되다니. 정말로 많이 건강해졌다. 지금 내가 갖고 있는 것들만으로 한 달을 버틴다면 그건 또 그것대로 웃길 것 같다.

그러면서도 동시에 조금 지치는 것도 사실이다. 아웃

오브서울 역사상 처음으로 짐을 꼼꼼하고 열심히 쌌다. 서울의 현실과 좀 더 싱크를 맞추고 싶어서 현지에서 조달할 수 있는 것과 서울에서 반드시 챙겨가야 하는 것들을 철저히 계획했다. 23킬로그램짜리 캐리어에 결코 다 담기지 않는 생활의 범위까지 욕심을 부렸다. '파라다이스로 도망쳤다가 다시 현실 복귀'가 아니라, 그 어딘가 존재할 것 같은 중간 지점을 찾고 싶었기 때문에. 여전히 삶은 계획대로 흘러가지 않는다. 이 도망은 언제까지 해야 하는 걸까?

## 다시 생긴 에너지로

아웃오브서울은 무엇보다 가장 큰 희열을 주지만 동시에 나를 소모시키는 일과 삶에서 나를 지키기 위해 시작된 도망이었다. 그런데 막상 몸과 마음이 건강해지고, '나에게 필요한 진짜 쉼'을 삶 곳곳에 심어 놓고 보니 다시 욕심이 생겼다.

오래전 묻어 두었던 분야의 공부를 진지하게 더해 보고 싶다는 마음이 피어나고, 포기하고 살던 생의 가치관을 향해 생활 양식을 바꾸는 것조차 아직 늦지

김진영

않았다는 생각도 들었다. 훌쩍 도망칠 때마다 오롯한 나로서 맛본 삶의 충만감을 매일의 일상으로 가져오고 싶어서 생기는 욕심이었다. 나에게 제일 중요한 게 무엇인지 분명해지니 이전과 다른 생의 감각이 돌기 시작했다. 번아웃의 시기에 나를 지배했던 질문은 오직 하나 '왜 계속 살아야 하지?'였는데 생의 감각이 내게 가져오는 질문은 다양하고 넓었다. 어차피 계속 살아야 한다면, 나를 계속 살게 하는 삶의 형태는 무엇일까. 서울에서 계속 사는 것이 맞을까? 이 직업을 유지하는 것이 맞나? 지금과 같은 가족의 형태가 가장 적합한가?"

여전히 뾰족한 답이 내려지지 않는 질문들이다. 군이 할 필요 없는 번민과 스트레스로 다시 스스로를 괴롭히고 있는 나 자신에 처음엔 좌절했다. 이제는 도망도 더 이상 소용이 없구나, 도망도 쉼이 되지 못하는구나. 하지만 가만 살펴보니 질문의 초점이 모두 '나'에게 있다는 점에서 이전과는 분명 다른 유형의 스트레스였다. 삶의 상수라고 생각되는 것에서 도망치다 보니, 정말로 상수인 것들과 변수인 것들이 구별되었다.

며칠 전 새로운 에어비앤비에 체크인을 했는데 생수가 없었다. 이미 집 근처 마트도 문을 닫은 늦은 시각이라 가장 가까운 주유소에 가서 생수와 우유, 주스 등 당장 필요한 물품을 골랐다. 계산대에 서 있는데 조금 변형된 스몰토크 질문이 날아왔다. "Where are you from(어디에서 왔어)?" 한국이라는 대답에서 시작해서, 케이팝, BTS, 아이돌, 싸이, 강남스타일 등 인종차별과 국뽕의 미묘한 경계의 기분을 느끼며 한참 대화를 나누느라 무척 피곤했다. 지친 상태로 주유소에서 나오는데 그저 대화 주제가 흥미로워 그 자리에 있는 줄 알았던 아주머니가 함께 따라 나오며 가게 문을 잡아 주었다. "내가 가게에서 나와 버리면 가게에 너 혼자 여자라서 기다렸어. 여성은 여성이 지켜 줘야지. 혼자 온 젊은 여자한테 왜 저렇게 오래 질문을 던졌는지 정말 모르겠다. 늘 그렇게 친절하고 행복하게, 그렇지만 조심히 다니렴." 난생처음 본 아주머니의 손을 꼭 잡고, 너무 고맙다고 나도 반드시 다른 여성에게 꼭 같이하겠노라고 했다. 아주머니가 말하기 전까지 나는 그 가게에 그와 나만 여자인지 전혀 눈치채지 못했다.

　서울과 현실에서 무뎌지는 생의 감각은 일과 성공, 취향과 유행에 대한 것만은 아니었다. 정말로 우리가 살면서 필요한 연대와 친절, 삶의 희로애락 같은 것들이 팔딱팔딱 뛰는 곳에 나를 덩그러니 놓아두면, 내가 잊고 있는 정말로 중요한 삶의 가치들이 다시금 생생해진다. 나는 왜 글을 쓰고, 왜 콘텐츠 기획을 하고, 왜 동료들과 밤을 새우며 일을 하고, 왜 돈을 벌고, 왜 사회적 관계를 맺으며 살아가는지. 소셜 미디어 팔로우 수나 통장 잔고에 찍히는 숫자 너머의 삶의 의미가 무엇인지, 우리가 살고 있는 지금 이 시대, 이 세계에서 나의 존재는 어떤 의미인지. 어쩌면 더욱 막막해지지만 동시에 나는 정말로 커다란 세계를 이루는 하나의 개체가 되어 더욱 자유로워졌다. 그리고 그 자유로움은 한계 없는 에너지를 준다.

Q 충분한 휴식을 위해
양보할 수 없는
조건이 있다면요?

Q 만약 충분히,
푹 쉬었다면 이제
무엇을 하고 싶나요?

1 ― 거창한 계획을 세우지
않는다.(뭘 하려고 하지 않는다.)
2 ― 타인의 사례를 참고하지
않는다.(해야 할 것 같은 마음이
들게 하는 요소는 전부 피한다.)
3 ― 최대한 마음이 내키는 대로
한다.(하고 싶으면 하고, 하기
싫으면 안 해도 된다.)

나에게 가장 만족감과 행복을
주는 삶을 지속할 수 있는 방법을
찾는다.

김진영

# 무신론자에게
# 보내는 편지

## 소영광

소영광    성공회대 사회과학부(B.A.), 서강대 일반대학원 철학과 (M.A.), 장로회신학대 신학대학원(M.Div., 수석졸업)을 거쳐 장로회신학대 일반대학원 조직신학 석사과정 중이다. 학위 콜렉터라고 불리지만 여전히 허기지다. 자크 데리다의 환대 개념을 공부했고, 현재는 신학자 위르겐 몰트만의 생태학적 창조론을 공부 중이다.

[분류] #떠나기 #비우기

"안식이란 타자가 존립하기 위한
빈터를 마련하는 창조의 기쁨입니다.
이는 곧 자기를 비운다는 점에서
자기 바깥으로 벗어나는
무아적인 기쁨의 절정이라고 할 수 있습니다."

# 첫 번째 편지

소영광 선생님에게

안녕하세요, 신새벽입니다.

어제는 잘 들어가셨어요? 저는 함께한 술자리의 여파 속에 있습니다. 대화의 여운이 길고, 숙취도 남아 있네요…….

상의드렸듯이 이번 《한편》 '쉼' 호에 청탁을 드리려고 합니다. 선생님께서 들려주신 기독교의 안식일 이야기가 참 좋았는데요. 《한편》 편집자들은 지금 쉼에 관해서 세속적으로만 접근하고 있거든요. '휴가가 부족한데 어떻게 충분히 쉬지?' '쉼이란 자본주의 생산에 빨리 복귀하라는 이데올로기 아닌가?' 이와 달리 신학에서 오래 연구한 안식일의 의미가 신선하게 다가왔어요.

인문잡지 《한편》에 신학에 관한 글을 싣는 것은 처음이라, 독자들에게 어떻게 다가가면 좋을지 고민되네요. 저부터가 신앙이 없으니, 무신론자 편집자에게 보내는 편지글의 형식으로 써 주시면 어떨까요?

모쪼록 잘 부탁드리겠습니다.

신새벽 드림

---

편집자님에게

안녕하세요! 제안하신 편지글 형식이 흥미롭습니다. 편지의 내용이란 언제나 그 형식에 비겨 이차적이며, 나를 수신자로 부른다는 것이 편지가 지닌 근본 내용이라고 할 수 있습니다. 이런 맥락에서 먼저 제게 편지를 보내주신 새벽 선생님은 무엇보다도 '형식을 주는 사람'이십니다. 몹시 부담스러운 제안이지만, 무응답조차 일종의 응답이 되는 편지 앞에서 제가 할 수 있는 것이 가장 창의적인 침묵이거나 그럴싸한 농담이라면 좋겠습니다.

쉼이라는 주제에 관해 이런저런 생각을 공글리고 있습니다. 인생은 살기 어렵다는데 안식을 이렇게 한갓지게 탐구하는 일은 부끄러운 일일지도 모르겠습니다. 그런데 사는 법을 배워야 한다면, 그에 앞서 쉬는 법을 배워야 할 것입니다.

사는 법은 항상 이미 쉬는 법을 통해 결정되고 있습니다. 기성의 삶에 코를 박은 일차원적인 진지함에서 벗어나게 해 주는 것이 쉼이 지닌 환기의 기능이기 때문입니다. 쉼은 친구와 연인, 혹은 회사와 가족, 또는 국가와 시장의 진지함을 중지시키고, 다른 존재 방식을 발견하게 해 주는 장치일 수 있습니다. 이런 맥락에서 조지 오웰의 말을 음미해도 좋을 것입니다. "인간은 자기 삶에서 단순함의 너른 빈터를 충분히 남겨 두어야만 인간일 수 있다."[1] 저는 저 '단순함의 너른 빈터'가 우리를 기존의 진지함으로부터 뺄셈하게 하는 안식일의 시공간이라고 생각합니다.

답장을 쓰면서 살펴보니 그리스도교 신학 전통에서도 쉼에 관한 연구가 많지 않습니다. 신학에도 개념들 사이에 질서가 있어서, 어떤 개

[1]  조지 오웰, 이한중 옮김, 『나는 왜 쓰는가』(한겨레출판, 2010), 248쪽.

념에 대한 탐구는 부록처럼 취급되기도 합니다. 안식만큼 소외된 주제도 없을 정도라고 과장해 볼 수도 있겠습니다. 만일 안식에 대한 사유가 무의식적인 저항에 부딪히고 있다면, 아마도 안식 개념은 우리 삶의 체제를 안정적으로 재생산하는 일에 도움이 되지 않을 것이 분명합니다. 《한편》이 관습적인 논의를 맴돌까 봐 걱정하셨지만, 도리어 쉼 또는 안식이라는 주제가 우리의 관습적인 삶을 불편하게 할 것을 염려하거나 기대해야 할 듯합니다.

먼저 성서의 한 대목을 함께 읽어 볼까요? 이 구절에서 편집자님은 무엇을 보시는지 들려주세요. "하나님이 그가 하시던 일을 일곱째 날에 마치시니 그가 하시던 모든 일을 그치고 일곱째 날에 안식하시니라. 하나님이 그 일곱째 날을 복되게 하사 거룩하게 하셨으니 이는 하나님이 그 창조하시며 만드시던 모든 일을 마치시고 그 날에 안식하셨음이니라."(창세기 2:2~3, 개역개정)

소영광 드림

## 두 번째 편지

선생님, 과연 진지하시군요. 그 진지함이 "회사의 진지함"과는 다르다는 점에 기대를 걸고 있습니다. 인용하신 대목에서 심오함을 느꼈어요. 말 그대로 천지를 창조한 하나님이 "하시던 모든 일을 그치고 일곱째 날에 안식"하셨다니요. 기독교 신자들이 주일에 쉬는 이유는 바로 하나님이 쉬었기 때문이구나. 하나님도 쉬는구나! 하고요.

성서를 함께 읽는다니 제가 가 본 적 없는 교회에 들어온 것만 같네요. 성서가 꼭 신앙인이 아니라도 누구나 읽어 봄직한 만대의 고전이라고 해서, 저도 언젠가 한번쯤 다시 읽어 보려고 해요. 하지만 수많은 신간들이 이미 쌓여 있는 것도 사실인데요. 성서를 읽으면 무엇이 좋을까요? 이런 단순한 질문에 수많은 답변이 있었겠지만, 책 만들다 지친 수신자에게 선생님이 답해 주신다면 또한 뜻깊겠습니다.

---

편집자님에게

편지라는 글의 형식이 독자를 수신자로 불러 세운다는 말은, 그 글이 독자의 참여를 반드시 요구한다는 말과 같아요. 편지는 멀거니 서서 구경하는 방식으로 읽히기를 거부하고, 다른 누구도 아닌 '내'가 그 메시지를 수신하도록 명령합니다.

실은 개신교 성서를 구성하는 66권의 책들 가운데 특히 신약성서 27권의 대부분이 사도의 편지입니다. 어쩌면 성서 전체가 하나님이 우리에게 보내는 편지라고 간주될 수도 있습니다. 이런 뜻에서 성서는 독자를 수신자로, 수신자를 증인으로 부르는 주체화 장치라고 할 만합니다. 성서는 선생으로서 우리 삶(生)에 앞선(先) 틀을 제시해 주며, 신앙인들은 그 특정한 틀 안에서 살아갑니다. 저도 성서를 읽으며 제 삶의 문법을 형성해 왔습니다. 성서가 증언하는 수많은 이야기에 우선 주목하는 것이 그 요령입니다. 각기 고유한 상황에서 하나님이 어떤 분으로 드러나시는지 살펴보세요. 고집스럽게 자기 본질을 일관하시는 하나님의 몸부림(?)을 목도하실 거예요. 목도한 후라면 누구도 하나님의 이름으로 타자를 배제하는 일은 할 수 없을 것입니다.

이제 성서에서는 참된 안식을 어떻게 제시하는지 살펴볼까요? 지난번 함께 읽은 창세기에서처럼 하나님은 6일의 창조가 끝난 후 이렛날에 안식하십니다. 그런데 유대교 신학자인 아브라함 헤셸(A. J. Heschel)은 저 본문에서 "하나님이 그가 하시던 일을 일곱째 날에 마치시니"라는 표현에 주목합니다. 재미있게도 헤셸은 이 표현을 수수께끼로 간주해요. 하나님이 여섯째 날이 아니라 일곱째 날에 일을 마치셨다고 해석하는 것입니다. 헤셸은 고대 랍비들의 풀이를 빌려서 바로 저 일곱째 날에 '또 하나의 창조 행위'가 있었다고 추론합니다.

아마도 문제의 일곱째 날에 안식의 창조가 있었을 것입니다.[2] 히브리어로 메누하

[2] 아브라함 헤셸, 김순현 옮김, 『안식』(복있는사람, 2007), 73쪽.

(menuha)는 안식을 뜻하는데요. 메누하에는 노동의 '쉼'이라는 소극적인 의미만이 아니라, 강복과 성화(聖化)라는 적극적인 행위가 포함되어 있습니다. 그런 의미에서 하나님의 안식은 단순한 휴식이기보다 하나님과 더불어 모든 피조물이 그분 안에서 행복과 기쁨을 누리는 축제라고 하겠습니다.

만일 창조가 안식에서 더 풍요롭게 완성된다면, 우리는 하나님의 창조와 안식을 분리된 두 사건이 아니라 처음부터 내적으로 결부된 사건으로 이해할 수 있습니다. 하나님의 안식으로부터 그분의 창조를 돌이켜보면 그분의 창조는 처음부터 세계 속에서, 세계와 더불어 안식하는 일을 목표로 삼은 것이 아닌가 질문하게 됩니다. 하나님은 창조하신 후 안식하신 것이 아니라, 창조하시면서 안식하신 것이 아닐까요? 마치 우리가 사유한 후 존재하는 것이 아니라, 사유하면서 존재하는 것처럼요. 혹 어떤 사람은 달인처럼, 일하면서 쉬고 있는 경지에 올라 있을지도 모르겠습니다.

소영광

# 세 번째 편지

아아, 편지를 받아 읽고 어린 시절의 한 장면이 떠올랐어요. 친구를 따라서 교회에 처음 갔는데, 글쎄 달란트 시장이 열린 거예요. 보통 가족들과 보내는 조용한 일요일이 교회에서는 이처럼 북적거린다는 게 놀라웠고, 달란트라는 주화가 진정 신기했어요! 그냥 벼룩시장이 아니라 어엿한 주화로 이런저런 생필품을 교환하고 맛있는 간식을 사 먹으면서 풍요함을 느꼈던 기억입니다. 이게 선생님이 설명하신 축제로서의 안식이 아닌가 해요.

쉼 호를 만드는 편집자들은 '워크와 라이프의 밸런스'를 맞추는 게 문제가 아니라, 어떻게 일하느냐가 어떻게 쉬느냐와 한 몸이라는 사실을 저자들과 함께 배워 가고 있어요. 선생님의 신학적 논의는 제 머리에 쥐가 나게 하지만, 그럼에도 이 세상을 창조한 하나님에 대한 사유로부터 더 배울 게 있다는 예감도 듭니다.

이 원고를 편집하기 위해 읽고 있는 신학 책들에서 이런 걸 발견했어요. 저자들이 서문이나 감사의 말에서, 자신이 거둔 성과의 영광을 모두 하나님에게 돌리고 있는 거예요. '나'가 얼마나 특별한지를 소리 높여 이야기하는 세간의 추세와는 아주 달랐습니다. 자아를 침해받기 싫어하는 현대인과는 다른 이 겸허함이 신을 상정하는 사유의 장점이라고 생각했어요. 그래서 신학의 고유한 질문인 하나님의 창조에 관해서 좀 더 들려주신다면 경청하고 싶습니다.

---

편집자님에게

이번 편지에서는 지난 편지의 질문을 품고, 그 가설적인 대답의 함의를 더 머-얼-리까지 개진해 보려고 합니다. 창조가 안식의 전조이며 안식이 창조의 완성이라면, 하나님의 창조에 대한 이해는 그분의 안식이 지닌 함의를 더 잘 드러내 줄 수 있을 것입니다.

가령 개념상 무한하신 하나님에게 과연 '바깥'이라는 개념이 성립될 수 있을까요? 만일 하나님에게 바깥이 있다면, 그분은 무한자가 아니라 유한자가 되고 맙니다. 하나님과 독립적인 바깥을 허용해야 할뿐더러, 그 바깥에 의해서 그분의 한계가 규정되기 때문입니다. 따라서 현대 그리스도교 신학자들은 하나님이 '그분 바깥에 세계를 창조하셨다'는 관념에 문제를 제기합니다. 그렇다면 하나님의 창조는 어떻게 이루어진 것일까요?

유대교의 신비주의 철학인 카발라(Kabbalah)에서는 하나님의 창초를 침춤(zimzum) 개념으로 이해합니다. 침춤이란 수축이자 제한을 의미하며, 하나님이 스스로 자기의 무한한 현존을 거두어들여서 자기 안에 텅 빈 공간을 창출하는 사건을 가리킵니다. 그러므로 침춤 개념을 경유하면, 하나님은 세계를 창조하기 전에 세계가 존립하기 위한 빈 공간을 먼저 창조하셨다고 말할 수 있습니다. 만일 그렇다면 하나님은 자기 안에 타자가 깃들기 위한 빈터를 마련하는 방식으로 창조를 실행하시는 분이라고 규정될 수 있습니다.

바로 이런 맥락에서 철학자 장뤽 낭시도 신

의 창조를 다음처럼 이해합니다. "카발은 결코 신이 무언가를 만들어 낸 것이 아니고, 한 걸음 물러서서 스스로 열망하며 자신은 빠져나와 세계를 창조했다고 말합니다. 신은 움푹 파인 곳에 세계가 자리 잡을 수 있는 공을 열었다고 합니다."[3] 여기서 하나님의 창조는 신이 자기 앞에(vor) 무언가를 세운(stellen) 것이 아니고, 세계가 자리 잡을 수 있도록 자기를 비워 스스로 열림의 장소가 된 사건이라고 해석됩니다.

편집자님이 보시기에는 어떻습니까? 요약해서 소개한 '자기 비움적 창조(kenotic creation)' 도식이 너무 추상적으로 느껴지시나요? 더 엄밀한 논의과 풍성한 전거들이 있지만 우리 편지에서는 생략하기로 해요. 관건은 저 신적인 창조 이해가 과연 세계의 기원을 사실 그대로 설명하느냐가 아니라, 세계 안에 존재하는 우리에게 어떤 실천적인 함의를 제공하는

[3] 장뤽 낭시, 이영선 옮김, 『신, 정의, 사랑, 아름다움』(갈무리, 2012), 52~53쪽.

가일 것입니다. 다음과 같은 질문을 던져 봅시다. 자기 비움적 창조가 안식의 전조라면, 하나님의 안식은 무엇의 절정일까요?

하나님의 안식은 타자가 존립하기 위한 빈터를 마련하는 창조의 기쁨, 곧 자기를 비운다는 점에서 자기 바깥으로 벗어나는 무아적인 (ecstatic) 기쁨의 절정이라고 할 수 있습니다. 편집자님이 신학자들의 감사의 말에서 주목하셨듯이 능동적인 자리에서 수동적인 자리로 물러나는 일, 자기를 이차적인 위치로 퇴각시키는 일은 내 욕망이나 실적, 삶의 영역에 이미 침투해 있는 타자의 기여를 발견하게 해 줍니다. 하나님의 안식에 비춰 본 안식은 우리 안에 이질적인 타자가 존립하는 일을 즐거워하고, 타자의 등장에서 촉발된 공존을 입체적으로 음미하고 향유하게 합니다. 하지만 우리 삶의 일상적인 층위에서 타자는 '냄새가 나는 존재'(오웰)이거나 '먹거리'(레비나스)에 불과하므로, 우리는 결코 무구하지 않은 상황 속에서 타자와 서늘하게-창의적으로 어울리는 방법을 창안해야 합니다. 바로 이것이 제가 이해하는 안식과 안식일의 의미입니다.

## 네 번째 편지

이런, 저는 마침《한편》설문조사 결과를 분석하고 있었는데요. 제가 코딩을 할 줄 몰라서 휴먼 코딩 중인데, 응답자들이 '충분히 쉰 다음에는 주변 사람들에게 다정하게 대하겠다'고 답한 데 눈길이 가던 참이었어요. "타자가 존립하기 위한 빈터를 마련하는 기쁨"으로서의 쉼이 바로 그런 이야기라고 이해하고 있습니다.

그런데 타자라는 말이 나오면 저는 즉각 곤두서게 됩니다. 인문학에서 타자라는 말을 입에 올리는 것만으로 윤리를 차지하는 사람들 때문인데요. 오웰이나 레비나스가 아니더라도 타자와 함께하는 건 지치고 힘든 일이라는 걸 알 수 있잖아요. 그러니 타자와 함께해야 한다는 당위보다는 함께할 방법이 궁금하고, 그런 방법을 매일매일 어떻게 적용하고 성공하거나 실패하는지를 듣고 싶습니다. 이제 '쉼' 호도 마감에 가까워지고 있단 말이에요, 선생님…….

---

편집자님에게

저는 하나님의 창조와 안식을 모방적으로 반복하는 일이 우리가 누리고 추구해야 할 쉼이라고 생각합니다. 제가 구주로 믿는 예수 그리스도는 저 쉼의 근본 형식을 육화하신 분입니다. 복음서에서 예수는 공적인 삶을 시작하기 전에 성령에 이끌려서 40일간 광야에서 기도합니다. 우리는 저 40일간의 광야 생활을 예수의 피정(避靜)이라고 이해할 수 있습니다. 피정은 문자 그대로 빈틈없는 일상에서 물러나서 정숙하게 자신을 살피는 일에 해당합니다. 흥미로운 것은 예수가 피정 직후에 자신의 메시아적 소명을 선언했다는 사실입니다. 그 소명이란 다름 아닌 안식의 구현자로 사는 것입니다. "주의 성령이 내게 임하셨으니 이는 가난한 자에게 복음을 전하게 하시려고 내게 기름을 부으시고 나를 보내사 포로 된 자에게 자유를, 눈 먼 자에게 다시 보게 함을 전파하며 눌린 자를 자유롭게 하고 주의 은혜의 해를 전파하게 하려 하심이라 하였더라"(누가복음, 4:18~19)

예수가 희망한 그리스도는 가난한 자, 포로 된 자, 눈먼 자, 눌린 자를 자유롭게 해 주는 자입니다. 그는 하나님의 안식이 "하늘에서 이루어진 것같이 땅에서도"(마태복음 6:10) 이루어지기를 추구합니다. 왜냐하면 그것이 메시아가 해야 할 일이라고 이해하기 때문입니다. 따라서 그분의 제자로 살아가는 그리스도인에게 쉼이란 단순히 '~로부터의 쉼'일 뿐만 아니라 '~를 위한 쉼'이기도 합니다.

그 유래가 하나님과 그리스도에게 있다면 안식은 신적으로 내게 주어진 자유라는 선물을 누리는 일이자 동시에 타인과 비인간 존재의 자유를 배려하며 바로 그 타자 일반의 해방에 기여하는 실천일 수밖에 없습니다. 요컨대 그리스도인의 안식은 창조 세계를 향해 구현되는 하나님의 안식을 절대적으로 존중하고, 그분의 안식에 비추어 자신의 현세적인 안식이 지닌 불충분성과 불완전성을 비판하며 그 미래적인 형식을 탈구축해야 합니다. 히브리성서(구약성서)의 예언자들이 이스라엘 왕조를 반복해서 비판한 것처럼, 하나님이 선사하시는 '땅의 안식'을 존중하지 않는 인간의 안식은 그분이 주신 땅에서 스스로를 추방당하게 하며 자신의 생명을 길게 하지 못하는 자기 파괴적인 일이 됩니다.

이제 제 설교는 다 끝났습니다. 쉼에 관해 편지를 주고받는 중에도 저는 내내 직업병을 앓고 있습니다. 극히 소박한 층위에서 제가 향유하는 쉼은 제가 준거로 삼는 예수의 메시아적 안식 모델에 비추어 볼 때 통째 실패의 흔적들이라고 말할 수 있습니다. 다만 더 낫게 실패하려고 애쓰고 있어요. 예컨대 '신중하게' 쉬려고 합니다. 하나님이 자기 바깥으로 나가기 위해 먼저 자기 안에 빈터를 창출한 것처럼, 저도 제 삶을 에워싼 삶의 구조 바깥으로 나가기 위해 먼저 제 안에 '단순함의 너른 빈터'를 창출하고자 책 읽기와 글쓰기 그리고 휴대폰 쓰지 않기 등의 일상적 피정을 반복해 왔습니다. 저에게 공부는 빈틈없이 전개되는 일상에 새로운 띄어쓰기를 도입하고, 기존의 띄어쓰기를 재배치하는 실천입니다. 흡사 인과론적 공간-내기라고도 말해 볼 수 있을 저 무위적인 띄어쓰기 놀이를 통해 저는 제 삶에 고유한 리듬을 형성하고 그것을 음미하며, 별안간 전적으로 낯선 것들이 제게 주어지도록 준비합니다.

## 마지막 편지

맙소사. 설교가 절정에 다다름에 따라 정신이 혼미해졌지만, 같이 공유해 주신 10년 전 기사에서 다시 땅으로 돌아왔어요.[4] 이미 10년 전에 '휴대폰 쓰

[4] "어느 20대 청년의 탈휴대전화 좌절기", 《나·들》, 2013년 8월 14일.

지 않기'를 실천했고, 그리고 실패하셨군요! "저는
요…… 휴대전화가 사람들의 행동이나 생활양식을
너무 많이 변형시키는 것 같아서 싫어요. 지금은 휴
대전화가 신체의 일부가 되어 버린 것 같습니다. 그
런데 이미 내 몸의 일부가 됐다고 하면 더 이상 이것
에 중독됐다고 말하기도 어렵지 않나요?" 이러한
인식은 2024년에 음미하기에도 신선합니다.

황보연 기자님의 유머 감각이 선생님의 진지함과 만
나 아직 공중전화가 있던 시절을 생생하게 포착하고
있는 이 기사를 보고 이제 선생님의 진지함을 그만
편집하고 마감하기로 했습니다. 이것이 신앙인인 선
생님을 받아들이는 방법일 수도 있겠죠.

그런데 마감 전에 하나만 더 얘기해 주세요……. 쉼
이라는 주제를 파고들수록 저는 회의가 듭니다. 아
무리 푹 쉬고 난 다음이라도 일하면서 털리고 나면
타자를 받아들일 여유라고는 없어져요. 구체적으로
말해 약속한 마감일을 지키지 않는 필자에 대한 분
노를 금할 수가 없습니다. 이즈음 편집자도 작가도
글을 써야 한다는 필요 속에서 옴싹달싹 못하고 있
는데요. 이런 여유 없는 노동 환경에서 어떤 실천이

가능할까요? 물론 저는 화내기보다 사랑하려고 합니다. 어서 마감하고 함께 기뻐하고 싶어요.

---

편집자님에게

제가 너무 신중하게 쉰 것 같아요……. 편집자님께서 저로 인해 곤란한 상황이 반복되실 듯합니다. 이 편지를 오늘까지 마무리해야 한다고 하셨는데, 제가 지난주에 몸 상태가 안 좋아서 작업을 못했습니다. 문자 그대로의 의미에서 앓는 소리가 들리시죠? 요청하신 실천적인 사례를 찾는 길에 잃어버린 유머도 찾았습니다. 급하게 마지막 편지를 드립니다.

'타자를 배우는 것'이 공부의 본령이라는 철학자 김영민의 가르침 아래, 저는 초보적인 수준에서나마 비그리스도교 인문학인 마르크스주의, 정신분석학, 포스트모더니즘, 페미니즘, 과학사 등의 책을 주로 읽습니다. 타자를 배우기 위한 책 읽기를 통해서 저는 '개인적인 것이 정치적인 것이다'라는 문장과 사건처럼 마주쳤고, 제 검질긴 자아의 물질적인 닻인 몸을 끄-을-고 '더 먼 이웃'(니체)에로 나아가기 위해 반복해서 피정으로서의 책 읽기를 수행합니다.

이번 편지의 맥락에서 제 직업 윤리에 영향을 준 책 가운데 제러미 리프킨의 『엔트로피』를 소개할 수도 있겠습니다. 제가 여전히 기억하는 단 하나의 배움이 있다면, 그것은 전문가가 되기보다 전반가(generalist)가 되기를 추구하라는 권면입니다. 여기서 전반가란 두루두루 얕게 아는 사람이 아니라 자신의 생활세계에의 개입이 타자 일반에게 미치는 입체적인 영향을 두루두루 조망하는 사람일 것입니다. 저는 전반가로서 일하고 쉬는 일이 예수의 메시아적 안식 소명을 부분적으로나마 세속화하는 실천일 수 있다고 생각합니다.

아마도 제 안에 흡사 나이테와도 같은 점진적인 성숙의 무늬, 곧 제 자아의 유아론적 중심으로부터 어렵사리 벗어난 흔적이 남아 있다면, 그 수평적인 월경의 동력은 옆으로 전개되는 글을 읽고 제 낡은 어휘들을 지속적으로 써 '버렸기' 때문입니다. 피정으로서의 책 읽기와 글쓰기를 통해 제가 경험적으로 배운 것은 자신의 '고독'을 배려하기 위한 자기만의 방과 시간을 스스로 창출할 때에만, 비로소 '없던 바깥'으로의 외출이 가능해질 수 있다는 것입니다. 그렇다면 그 가상적인 빈터에는 무엇이 있을까요? 아무것도 없습니다. 다시 그리스도인의 독특한 경험에서 회상하자면, 그 빈터에는 언제나 이미 말씀이 주어집니다. 어떤 말씀일까요? 바로 타자와 함께 기뻐하는 신적인 안식에 대한 성서의 증언입니다.

저 말씀을 몸소 살아 내는 그리스도인들이 있습니다. 이른바 '가나안' 성도로서 자신을 정체화하는 사람들인데요. 이들은 교회 '안 나가'라는 참된 안식을 구현합니다. 가나안 성도 가운데 상당수는 인간을 부속품처럼 취급하는 교회를 떠나서 대안적인 가치를 실험하는 교회를 매주 새롭게 탐방하기도 합니다. 기계적으로 교회에 출석하기보다 나의 안식과 타자의 안식을 동시적으로 배려하는 교회의 실천을 고민한다는 점에서, 가나안 신앙생활은 안식의 적극적인 형태라고 이해될 수 있습니다. 가령 대안적인 교회들의 기억할 만한 실천에는 지역 거주민에게 교회 건물을 만남과 놀이 공간으로 개방하는 경우가 있고, 반대로 별도의 건물을 짓기보다 지역의 공공기관을 빌려서 그곳을 매주 장소화하는 경우도 있습니다. 후자의 경우에는 교회 건축 비용을 다양한 형태로 지역 사회에 기부합니다. 규모가 몹시 작은 교회라도 반드시 한 가지씩 타자의 안식을 배려하는 실천에 힘씁니다. 그 소박한 예로 꾸준히 지역 독거노인에게 반찬을 해 드리고 주변 동식물을 돌보는 실천이 있습니다.

아예 교회 문턱을 넘어 길거리에서 예배하고 성찬식을 거행하는 교회의 실천도 있습니다.[5] 누군가가 과도한 업무로 인해 "희고 거대한 서류뭉치"(기형도) 속에서 시간-없음으로 애통해할 때, 또 다른 누군가는 불필요한 사람으로 규정되어 길거리에서 공간-없음으로 비통해합니다. 길거리 교회는 소모품처럼 취급된 사람들, 추방되고 배제된 불필요한 사람들, 녹조로 뒤덮인 강이나 발파된 바위 곁에서 그들 고유의 생명 공간을 드넓게 펼칠 안식의 실천을 지속합니다. 저는 이런 실천들의 메시아적 순간을 "그 드물다는 굳고 정한 갈매나무"(백석)처럼 떠올려 보는 것 또한 피정의 일종이라고 생각합니다.

편집자님과 편지를 주고받으면서 무신론자란 누구인가를 내내 질문했습니다. 평론가 신형철은 "신이 없기 때문에 그 대신 한 인간이 다른 한 인간의 곁에 있을 수밖에 없다고, 이 세상의 한 인간은 다른 한 인간을 향한 사랑을 발명해 낼 책임이 있다고 생각하는 사

[5] 엄태빈, "길거리에서 싸우는 이들과 성탄의 기쁨을 나눈 그리스도인들", 《뉴스앤조이》, 2023년 12월 24일.

람"[6]을 무신론자의 근본 형식으로 제시합니다. 편집자님 또한 그런 사람이 아닌가요?

[6]  신형철, 『인생의 역사』(난다, 2022), 97쪽.

Q  충분한 휴식을 위해
양보할 수 없는
조건이 있다면요?

Q  만약 충분히,
푹 쉬었다면 이제
무엇을 하고 싶나요?

휴식을 마음껏 누릴 수 있는
뻔뻔함입니다. funfun함으로
고쳐 읽으신 분은 이미 쉼의
비밀을 알고 있습니다.

걷던 길 위에서 조금 다른
방식으로 산책을 시작해 보고
싶습니다.

# 농사짓기에서는
# 뭐가 일이고
# 뭐가 쉼일까?

## 연어 × 채효정

연어　　　3년 차 농부. 전라남도 곡성 항꾸네협동조합 활동가.

채호정　　9년 차 농부. 정치학자. 저서로 『먼지의 말』이 있다.

[분류] #기르기

"제가 하는 활동 중에서
일이라고 느끼는 걸 떠올려 보면
책임감을 느끼는 것들이에요. 이때는 꼭
씨앗을 심어야 하고, 시간에 맞춰서
수업에 가야 하고요.
쉬는 건 회복하고 충전하는 거예요."

"농사를 짓다 보면
자연과 상호 조응하는 리듬이
생기는 듯해요. 싹이 나고 풀이 자라면
밭이 자연스럽게 일을 시켜 주더라고요.
또 비가 오면 일 안 하잖아요. 아프면 쉬고요."

《한편》'쉼' 호의 대담에 응해 주셔서 감사드려요.

두 분을 이 자리에 모시게 된 계기는 지난 2월에 있었던 2024 체제전환운동포럼이에요. 시민 단체 활동가들이 주거, 교육, 노동, 환경 등 각자의 자리에서 부딪힌 고민을 나누고 함께 할 수 있는 일을 도모해 보는 자리였는데요. 그때 농촌과 농업 세션에서 두 분의 이야기를 들었어요. 채효정 선생님이 연어 선생님의 발표에 말씀을 이어 주시는 모습이 무척 좋았습니다. 발표 시간 제한 없이 두 분 대화를 듣고 싶다는 게 이 자리를 마련한 첫 번째 동기였어요.

또 하나 재미있었던 건 그 자리에 농업과 농촌 문화에 관심을 보이는 사람들이 많이 있었다는 거예요. 특히 젊은이들이 눈에 띄었어요. 탄소를 덜 배출하고 땅과 바다를 덜 오염시키는 생활 방식을 찾는 청년들, 도시 텃밭이든 주말 농장이든 직접 작물을 기르고 먹어 보려는 청년들이 생각보다 많다는 사실을 깨달은 자리였어요.

저도 그날 이후로 집 안에 작은 텃밭을 가꾸고 있답니다. 상추와 루꼴라와 토마토의 새싹이 자라고 있어요. 왜 기르기에 관심이 가는지 생각해 보면 지칠 때까지 일한 뒤에 보상 심리로 소비하고, 편리와 효율성을 찾으며 나를 돌보는 데에서 점점 멀어지는 동안 지친 마음을 회복하고 싶기 때문이에요. 자연스럽게 식물을 기르고 자연과 교감하고 싶은 마음이 일어나고요. 살아 있는 것들을 돌보고 나와 남을 위해 뭔가를 만들어 내는 데에서 발생하는 에너지가 분명 있는 것 같거든요. 두 분께 농촌에서의 삶과 지금 할 수 있는 실천들에 대한 이야기를 들어보고 싶어요.

## 농사짓는 하루

연어 선생님은 전남 곡성에서 농사를 짓고 계시는데요. 곡성에서의 삶이 어떤지, 어떻게 농사를 시작하게 되었는지 먼저 이야기해 주시겠어요?

연어 × 채효정

**연어** 이제 3년 차 병아리 농부입니다. 요즘에는 매일 아침 텃밭을 둘러봐요. 당근 씨앗에서 난 새싹을 발견할 때처럼, 매일같이 달라지는 미세한 변화를 발견하면 무척 기쁩니다. 농사를 시작하면서 저에게 있었던 가장 큰 변화를 꼽자면 주체성의 회복이에요. 자율 근무를 하든 프리랜서로 일하든 임금 노동을 할 때는 주어진 일을 해야 하잖아요. 일의 내용과 일정도 정해져 있고요. 곡성에 와서는 제가 가치 있다 느끼는 것, 마음이 움직이는 일을 하고 있어요. 일하고 싶을 때 일하고, 쉬고 싶을 때 쉬는 삶이에요.

이전에는 생태적이고 대안적인 삶을 위한 실천이 소비의 영역으로 한정되었다면, 지금은 직접 농사를 지으며 소비를 넘어 생산으로 제가 실천할 수 있는 영역이 넓어졌어요. 곡성에 오기 전에도 사회 문제에 관심이 많았고 특히 생태 문제에 마음이 동해서 비건 지향이나 생활 쓰레기 줄이기 등 개인적인 실천을 해 나갔어요. 예전에 활동했던 단체에서 제로웨이스트숍을 기획하고 운영하는 과정에 손을 보태기도 했고요. 그런데 입고되는 제품이 일회용 트레이에 담겨 오고 벌크 통도 매번 새로 구매하는 걸 보면서 '제로웨이스트'라는 소비 문화의 확산이 정말 친환경일까? 의문이 생겼어요. 소비하는 삶이 아닌 자급하는 삶을 고민하다 보니 직접 농사짓고 싶다는 마음이 들었고요. 농사 지을 방법을 찾다가 청년들에게 1년간 생태 농사와 자립 기술을 알려 주는 청년 자자공 과정을 알게 되었고, 그렇게 곡성에 오게 되었어요.

효정 선생님도 강원도 인제에서 들 노동자로서
일상에 대해 간단히 들려주세요.

**효정** 인제로 귀촌한 지 올해 9년 차인데요. 원래 대안적인 삶, 생태적 전환, 농촌 이주 문제에 개인적으로 오래 관심을 갖고 있었어요. 관련해서 대학에서 강의도 하고요. 그런데 막상 서울을 떠나지 못하다가 주위에 농촌으로 가는 분들이 많이 보여서 저도 용기를 냈습니다. 처음에는 반농반작으로 생계를 꾸려 갈 생각으로 블루베리 농사를 시작했어요. 인제에서 농사짓고 농민 운동 하시는 선생님이 제대로 삶의 전환을 하려면 귀촌만으로는 안되고 귀농을 같이 해야 한다는 충고를 하셨거든요. 농사는 생각대로 되지 않았고 3년 전에 큰 수

술을 하게 되면서 블루베리 농사는 접었어요. 지금은 텃밭 농사만 하고 있는데, 작년에 얻은 밭이 주변 환경이 안 좋아서 고민입니다. 올해 봄에는 강수량이 너무 많고 이상 저온도 오래 지속돼서 농사일지를 봐도 도대체 언제 심어야 할지 가늠할 수가 없네요.

저는 글 농사와 밭 농사를 병행하고 있는데, 요즘 점점 들 노동보다 글 노동 비중이 높아지고 있어 걱정이에요. 생계형 노동이 우선이 되니 어쩔 수가 없는데, 작년엔 가을 농사를 거의 못했어요. 처음엔 농사를 쉬는 12월에서 2월까지 글도 많이 쓰고 강의도 많이 하려고 했는데 뜻대로 되지 않더라고요. 겨울 농한기는 교육이나 출판 업계도 비수기고, 봄여름 한창 바쁜 농사철이 또 강의 철이고 해서 바쁠 땐 일이 한꺼번에 몰리는데, 이제 슬슬 겁이 나기 시작하는 중이에요.

두 분은 어떻게 처음 만나셨어요?

**연어** 2023년 담양에서 열린 기후위기 비상 강연에 채효정 선생님이 강연자로 오셨어요. 강연을 듣기 전에 마을 친구들이랑 『먼지의 말』을 돌려 읽었는데, 이렇게

통찰력 있는 학자가 한국에 있었군, 하면서 감탄했어요! 기후위기에 대해 이야기할 때 그전에는 '탄소중립과 개인적인 실천이 중요하다'는 비슷한 맥락의 이야기만 접했는데, 기후위기 담론에서 소외된 남반구의 노동자 그리고 농민의 사례를 짚어 주셨을 때 누구의 목소리로 기후위기를 말해야 하는지 명확해졌어요.

**효정** 체제전환운동포럼에 원래 농 세션이 없었어요. 그런데 연어 님이 강력하게 그건 말도 안 된다, 농 세션이 없어서는 안 된다, 하신 거예요. 저도 내가 농민운동을 하는 것도 아니고, 전문가도 아니고…… 하며 망설이던 차에 연어 님이 전문가 운동에서 벗어나서 당사자 운동을 하자고 대차게 말씀하셔서 참여하게 됐죠. 그런데 농 세션 없었으면 어떡할 뻔했느냐 평가도 듣고, 저도 또 다른 각도에서 농촌의 문제에 대해서 깊이 고민해 볼 수 있는 계기가 되었어요. 감사합니다, 연어 님.

### 일 혹은 쉼?

두 분을 다시 모시게 되어서 기뻐요! 먼저 일 혹은 쉼이라는 구분에 대해서 이야기해 보면 좋겠어요. 생산과 재생산의 구분이라고 말해 봐도 좋을 것 같은데요. 효정 선생님 지적처럼 지금 우리 사회에서는 '설거지를 안 하고 요리할 수 없고, 작업장을 치우지 않고 작업을 할 수 없고, 분해 노동 없이 생산할 수 없는' 당연한 사실이 외면되고 있어요. 이런 맥락에서 일과 쉼이 극단적으로 분리되는 게 아닌가 싶기도 해요. 일은 삶의 일부인데, '일과 삶의 밸런스'를 이야기하는 게 이상하게 느껴졌거든요. '워라밸'이라는 단어를 사용하는 절박함에는 공감하면서도요. 두 분에게는 일과 쉼, 생산과 재생산 활동이 어떻게 구분되나요?

**연어** 질문을 받고 무엇이 일이고 무엇이 쉼일까 생각해 봤어요. 저의 일상에서는 일과 쉼이 구분되지 않는 것 같아요. 저는 제가 먹고살 만한 규모의 논과 밭에서 제때 필요한 농작업을 하고, 지역의 유치원과 초등학교, 고등학교의 생태 텃밭 정원 보조강사로 일하고 있어요. 혼자 책을 읽는 개인적인 시간을 보내기도 하고, 공동체 내에 있는 탐조, 풍물, 민요, 수제 맥주와 우리밀빵 만들기, 비폭력 대화, 체제 전환, 무경운 벼농사와 에너지 자립 등 다양한 주제의 모임들 중 제가 관심 있는 모임에 참여하기도 해요. 또 생활에 필요한 무언가를 직접 만드는 데 대부분의 시간을 써요. 메주, 간장, 된장, 식혜, 나물, 간식거리 등을 구매하지 않고 원재료를 기르는 것부터 시작하다 보니 시간이 오래 걸려요. 사회적 시각에서는 제가 하는 대부분의 활동은 취미 활동으로 여겨질 거예요. 돈을 버는 일은 아니니까요.

제가 하는 활동 중에서 일이라고 느끼는 걸 떠올려 보면 책임감을 느끼는 것들이에요. 이때는 꼭 씨앗을 심어야 하고, 시간에 맞춰서 수업에 가야 하고요. 쉬는 건 회복하고 충전하는 거예요. 농촌 난개발의 문제로 투쟁해야 할 일들이 많아 마음이 지칠 때가 꽤나 있는데요. 최근에 마을 친구들이랑 이야기하면서 그런 어려움을 공유하고 스스로와 서로를 돌보는 쉼과 재생산의 시간이 부족했다는 생각을 했어요.

**효정** 농사를 짓다 보면 자연과 상호 조응하는 리듬이 생기는 듯해요. 싹이 나고 풀이 자라면 밭이 자연스럽게 일을 시켜 주더라고요. 또 비가 오면 일 안 하잖아요. 아프면 쉬고요. 임금 노동을 할 때는 아파도 쉴 수가 없지요. 도시에서 일할 때를 생각해 보면, 밤낮 없는 현대의 노동은 시간과 계절에 대한 감각과 자연에 조응할 수 있는 역량 자체를 뺏어 버리는 것 같아요. 쉼이 일과 일 사이에서 자연스럽게 생겨나는 영역이 아니라 여가든 휴가든 내가 억지로 만들어 내야 하는 시간이 되는 거예요. 밭일이 고되기도 한데, 나에게 병을 주기도 하지만 병원이기도 하다, 이렇게 이야기해요. 인제에 와서 저는 휴가라든가 여행을 한 번도 안 가 봤어요. 밖에 나갔다 돌아올 때면 어서 집에 가서 쉬고 싶다는 생각이 들고, 여기선 어디론가 떠나고 싶다는 생각이 그렇게 들지 않아요. 물론 다 좋기만 한 것은 아니에요. 농민은 아파도 상병수당도 없고, 4대 보험도 보장되지 않는 노동자라는 것도 말해야겠습니다.

사실 임노동 체제에서 일과 쉼이 분리된 이유는 일하는 시간을 계산해서 돈을 주고 그 밖의 시간에는 돈을 주지 않기 위해서거든요. 공적 영역과 사적 영역, 일터와 가정, 일과 휴식이 극단적으로 분리되어 있었던 거죠. 그런데 후기 자본주의 사회에서 지금 우리의 삶은 오히려 그 경계가 허물어지면서 일인지 쉼인지 구분이 안 되는 상태로, 일상적으로 시간과 에너지를 추출당하고 있다고 생각해요.

# 농촌의 이미지와 실제

농촌 하면 흔히 떠올리는 이미지, 가령 전원적인 풍경이나 더불어 사는 삶이 더 이상 농촌에 없다는 게 연어 선생님 발표의 핵심이었지요. 지금 농촌에서의 문제들에 대해서 들려주신다면요?

**연어** 저는 가구 수가 20호도 되지 않는 농촌의 작은 마을에 살고 있는데, 나중에는 이곳이 아무도 살지 않는 유령 마을이 될까 봐 두려워요. 실제 이곳에 살지 않으면서 땅과 집을 소유하는 부재지주가 점점 더 많아지고 있어요. 그들의 주된 관심사는 부동산으로 이윤을 창출하는 것일 거예요. 공장을 세우거나 대규모 태양광 사업을 하면 농지가 줄어들면서 농촌 공동체가 흩어지고 주변 환경도 파괴되겠지만, 부재지주들에게는 상관할 바가 아니겠지요.

저는 앞으로 생태 사회로 나아가려면 소농이 많아져야 된다고 생각하는데, 계절의 흐름을 따르며 자연의 힘을 빌려 농사짓는 생태적 소농이 점점 줄어드는 것도 큰 문제 아닐까 싶어요. 더 많은 영양분을 투입하고, 작물 이외의 다른 풀과 벌레를 죽이고. 자연과 조화롭게 살아갈 방법을 고민하기보다 효율성을 위해 자연을 거스르는 농사 방식을 점차 바꾸어 가는 운동이 필요하다 생각해요.

**효정** 1980년대까지 농촌은 서양식으로 농촌 근대화 정책을 따라 소농들을 없애고 비료와 농약을 투입해서 생산성을 높이는 방식으로 변화해 왔어요. 그걸 비판하면서 유기농, 친환경, 생태농, 자연농 같은 대안적 담론과 실천들이 생겨나기도 했고요. 그런데 농촌의 현실을 보면 생태적인 방법으로 농사짓지 않는 분들을 도덕적으로 비난할 수는 없는 것 같아요. 지금 같은 시장과 소비자 중심의 농산물 인증 체제하에서 유기농업을 오롯이 개인이 떠맡게 되면, 농민들은 정말 뼈가 삭거든요. 그래서 체제전환운동포럼에서 농생태적 전환이 체제전환의 핵심이라고 했던 거고요. 저는 밭을 빌렸더니, 빌려주신 분이 제 밭까지 로타리 치고 비닐 멀칭까지 싹 다 해 주셨더라고요. 선의로 해 주신 걸 화를 내겠어요, 싸우겠어요? 처음에는 주위에서 제초제 친 논두렁만 봐도 내가 말라 죽는 것 같고 가슴에 화가 가득 차고 그랬는데요. 물론 지금도 마음이 안 좋기는 마찬가지지만, 이제는 왜 나는 그걸 안 하고 다른 방식으로 하려고 하는지, 조심스럽게 접근하고 오랜 관계 속에서 진득하게 설득해 나가야 한다는 걸 차츰 깨닫게 되었습니다.

청년들이 귀촌했다가 농촌 텃세를 못 이겨서 빠져나왔다는 뉴스나 유튜브 영상 들을 많이 보게 돼요.

**연어** 저는 항꾸네협동조합 조합원들이 많이 귀농해 살고 있고 청년자자공 배움터가 있는 마을에 살고 있어요. 저희 마을 이장님도 항꾸네 조합원이시고요. 그래서인지 농촌 텃세로 크게 곤란했던 적은 없어요. 하지만 인근 마을의 경우 '내 말을 듣지 않는 귀농인은 쫓아낼 거다'라고 공공연하게 이야기하는 이장님이 계세요. 며칠 전 만난 한 농부님은 귀농 후 20여 년간 마을 사람들과 어울리기 위해 부단히 노력했는데도 아직 외지인으로 여겨진다는 말씀을 하시더라고요. 만약 제가 항꾸네와 같은 공동체 없이 홀로 귀농했다면 이래저래 마음고생 꽤나 했을 것 같아요.

**효정** 저는 인제에 아는 분도 있고 준비를 많이 하고 와서 연착륙한 케이스거든요. 그런데 막연하게 생각하고 농촌에 왔을 때 정착하지 못하고 나가는 분들도 꽤 많아요. 갈등도 있고요. 농촌을 낭만화하거나 순박화하는 시각이 있잖아요. 농촌 사람들은 「전원일기」에 나오는 것처럼 인심도 좋고 순진하고 순박해야 하는데 생각과 다르면 실망하는 거죠. 블루베리 밭 구경하면서 아, 예쁘다, 하면서 남이 기른 걸 말도 없이 따 먹는 사람들도 있었어요. 길에 심은 나무도 숲에 가꾼 약초도 누군가가 다 돌보고 가꾼 농작물인데, 조금 따 먹고, 조금 캐가고 하는 것 정도야 어떠랴, 당연하게 생각하기도 하고요. 농민의 입장에서 보면 역사적으로도, 외지인이 왔을 때 썩 좋았던 기억이 사실 잘 없거든요.

그런 여러 가지 맥락에서 외지인들에 대한 경계가 생겨난 것인데, 이주민의 입장에선 농촌에서 정착하고 사는 게 쉽지 않은 요인이 되는 거죠. 저는 인제에 이사한 지 9년 차인데, 아직도 다른 데로 이사한다고 그러면 아, 서울 가시는구나 하세요. 아직도 언제라도 서울로 돌아갈 수 있는 사람인 거예요. 그럼 전 내심 서운하죠. 또 어느 날은 동네 이웃 분의 친정 어머니가 방문하셨는데, 우리 동네에 서울에서 이사 온 선생님이 산다 이렇게 말씀드렸대요. 그 어머니가 저를 보더니 단박에 저 사람이지? 했다는 거예요. 시골에 이렇게 머리 긴 사람이 어디 있냐고요. 그리고 이제 머리를 잘랐더니 동네 사람들이 서울 사람 같다고, 도시녀 같다고 해요. 이건 뭔가! 지금은 그런 거에 일희일비하지 않고 그냥 웃어요.

## 농 중심의 전환

"농촌은 반자본주의 투쟁의 숨은 최전선이다." 기후위기, 지역 소멸, 식량위기…… 수많은 위기들에 대응하기 위한 체제 전환 을 도모하는 자리에서 농촌과 생태적인 문화를 중심에 두어야 한다고 말씀하셨는데요. 농 중심의 사회란 어떤 모습일까요?

**연어** 곡성에 와서 이웃들의 내어줌을 많이 경험했어 요. 도시에 살 때는 못 느꼈는데, 여기에서는 채소와 곡 물을 한가득 집 앞에 놓고 가시곤 해요. 씨앗과 모종 나 눔도 활발하게 이루어지고요. 어떻게 그런 넉넉한 마음 이 가능할까 싶었는데, 농사를 지어 보니까 씨 하나를 심어도 엄청 많이 열려요. 거기에서 또 씨 몇백 개가 열리는 거예요. 자연이 정말 많이 내어주는구나. 감동적으로 느껴졌어요. 그런 걸 경험하면 우리도 이웃에게 이해관계를 따지지 않고 더 내어주게 되고요. 돌봄의 공동체가 이런 걸 경험한 사람들이 모여 있는 곳에서는 자연스럽게 만들어질 수밖에 없겠다 생각했죠.

**효정** 너무 공감해요. 조그마한 땅도 혼자 못 먹을 만큼 풍요롭게 많은 걸 줘요. 그래서 나눠 먹어야만 하고. 그게 또 순환의 리듬, 나눔의 흐름을 만들기도 하는 것 같아요. 그런 이야기도 들었어요. 동네에 구멍가게가 하나 있었는데, 한 달 매출이 100만 원도 안 된다는 거예요. 처음에는 어떻게 먹고사는지 이해가 안 됐는데요. 동네 사람들한테 외상을 주고 하니까, 고마워서 또 밭에서 기른 것들을 넉넉하게 가져다주고 하는 거예요. 할머니들한테는 구멍가게가 동네 사랑방이기도 하고요. 시골에선 그런 비공식 경제 부문이 생각보다 커요. 그런 구멍가게가 다 없어지고 편의점이 들어왔는데, 편의점은 외상이 안 되잖아요. 필요한 물건을 구해다 주지도 않고. 하나뿐인 구멍가게가 없어지고 하나뿐인 세

탁소가 사라지고, 지금 농촌에선 하나뿐이던 것들이 자꾸만 사라져요. 모두 소중한 순환과 나눔의 장소였던 곳들인데.

**연어**　제가 생각하는 농 중심의 사회란 농생태적인 삶의 방식이 확장된 사회예요. 저는 농생태적인 삶이 자연과 생명을 파괴하면서 부를 쌓아 온 자본주의적이고 제국주의적인 삶의 대척점에 있다고 생각해요. 자급의 원리를 기본으로 하기 때문이에요. 자급이라는 말을 던지면 사람들이 고된 과거로 되돌아가자는 거냐, 문명을 거부하자는 거냐 하고 부정적으로 말하기도 하는데요. 저는 자급적 삶이 돈이 아니라 필요와 존재를 위한 삶이라고 생각해요. 삶에 정말 필요한 것들을 분별해 내 자급하는 힘을 키우는 거예요. 수동적인 소비자가 아니라 생산자로서 주체성과 자율성을 쟁취할 수 있도록 하는 거죠. 농 중심의 사회는 인간과 자연이 어떻게 다시 조화롭게 살아갈 수 있을지 보여 주는 모형이라 생각해요. 물론 여기서 농은 생명을 살리는 농이어야 되고요.

**효정**　많은 전문가들이 말하는 생태경제, 순환경제, 수

리경제, 분해경제 같은 개념의 살아 있는 현실태가 '농생태적 농경제'라고 생각해요. 정치학자 낸시 프레이저는 분리된 생산과 재생산을 연결시키는 것으로는 안 되고, 우선순위를 바꿔야 한다고 말해요. 노동 체제를 유지하기 위해서 돌봄 정책을 잘 해야 한다가 아니라 돌봄이 가능하도록 노동 체제를 바꾸어야 한다는 거예요. 농촌에 대해서도 보조금을 주거나 기술을 개발해서 지금의 생산 체제를 유지하는 게 아니라 생태적인 한계 안에서 산업과 생산의 규모를 정하고 배치해야 한다는 거지요. 농을 중심에 놓지 않고서는 그런 전환 계획을 수립할 수 없겠지요.

책도 너무 많이 찍어 내고 너무 빨리 폐기하고 있는데, 그런 것도 그만해야죠! 저는 글 쓰고 책 만드는 일도 나무에게 빚지고 있다는 생각을 많이 해요. 소비와 폐기의 주기가 나무가 자라는 시간을 추월하면 안 되는 거죠. 책뿐만 아니라 아무리 우리가 의미 있다고 생각하는 일이라도 늘 그 생태적 한계 안에서 놓고 봐야 하는 거지, 그 의미를 위해서 자연에 원료를 조달해 내라 닦달하거나, 또 그걸 조달하기 위해서 환경을 보호해야 한다라는 관점으로 접근해서는 안 된다고 생각해요.

　최근 유럽의 농민 시위는 화석연료에 의존해 온 북반구 농업이 더 이상 지속될 수 없는 위기가 닥쳐 왔다는 걸 보여 주는 사례예요. 브라질의 교육학자 파울루 프레이리는 억압이 있는 곳에는 피억압자가 있고 따라서 반드시 저항이 있을 수밖에 없다고 말하는데요. 그런 의미에서 지금 농촌은 저항의 시발점이 될 수밖에 없는 곳이에요. 자본의 모순이 가장 응축된 곳에서 가장 치열한 운동이 만들어질 테니까요. 어떤 이들은 농촌 인구가 줄어서 이제 농민 운동은 안 된다고 하지만, 연어 님 그리고 저와 같은 반농반작의 인간들, 새로운 농민의 얼굴들이 등장하고 있어요. 이주 노동자 없이는 안 되는 상황이라 할 정도로 많이 의지하고 있고, 농촌의 주민 구성에서도 결혼 이주 여성이 늘어나고 있지요. 다양한 각도에서 변화하는 농촌의 지형이 이 체제에 대한 저항의 전선들을 만들어 낼 수 있는 조건을 새롭게 형성해 내고 있다고 생각해요.

당장 도시를 떠날 수 없을 때 실천할 수 있는 것, 농과 멀어진 도시 사람들에게 추천할 수 있는 한 가지가 있다면 무엇일까요? 제가 가꾸는 작은 텃밭, 여기저기 만들어지는 도시 텃밭도 대안이 될 수 있을지 궁금해요.

**연어**　세영 님이 하고 있는 것처럼 조그맣더라도, 내 손바닥만 한 공간이라도 무언가를 심고 키워 보는 경험을 하는 것이 중요하다고 생각해요. 이럴 때의 어려움은 공간이 없다는 것일 수 있는데요, 전에 체제전환운동포럼 농 세션 후기 모임을 하면서 우리가 너무 고착화되어 있다는 생각이 많이 들었어요. 선을 마구 넘어 보자. 흙이 보이는 곳이면 무언가를 그냥 심어 보는 거죠. 아파트 단지에 화단 같은 게 있으면, 대학교에 잔디가 있는 흙이 있으면. 우리는 너무 사유재 중심의 사회를 살고 있어서 내 소유가 아니면 그 공간에 뭔가를 해 볼 상상이나 생각조차 하지 않는 것 같아요.

**효정**　선을 넘어 보는 게 사실 한번 하면 별게 아니거든요. 예전에 대학에서 교양수업을 할 때 실제로 교내 게릴라 텃밭 같은 걸 시도해 보기도 했어요. 의외로 표 안 나게 뭔가 심을 만한 자투리 땅이 많은 곳이 또 대학이거든요. 화단에도 심고, 건물 뒤편에 깨진 고무통을 주워서 심기도 하고. 학생들이 처음에는 뭔가 '불법 경작'을 하는 것 같고 이래도 되는 건가 싶고, 내가 키우다가 죽이면 어쩌나 두근두근 걱정도 했는데요. 막상 자라니까 책임감이 생기고 뿌듯하고 보람도 느끼고 해서 매주 저에게 와서 자랑했던 생각이 납니다. 어떤 학생은, 수위 아저씨가 처음에는 거기 뭘 심느냐고 안 된다고 했다가 나중에는 아저씨가 같이 물을 주고 있었다고 해요.

브라질의 무토지 농민운동은 유휴지를 경작지로 점거하는 일종의 농민 오큐파이 운동이었는데, 이 운동은 결국 헌법소원을 통해 소유자가 경작하지 않고 내버려 둔 토지에 대해서 경작자의 점유권과 사용권을 인정한다는 판결을 받아 내요. 지금 우리는 사유지를 절대 침입해선 안 된다고 생각하고, 학생들도 대학 공간이 우리 모두의 것이 아닌 재단의 사유지라고 생각했는데요. 공간을 다르게 상상하고 감행해 보는 이런 경험들을 계속 시도하고 확장하면서 봉쇄된 상상력의 장벽도 조금씩 깨트릴 수 있을 거라 생각해요.

또 저는 텃밭에 정치적으로 중요한 의미도 부여하는데요. 에코 페미니스트 마리아 미즈의 『자급의 삶은 가능한가』를 보면 '타로 밭의 정치'로 끝나거든요. 미즈는 텃밭을 여성들의 정치 공간으로 적극 상상합니다. 남자들이 전쟁터에 나가거나 멀리 돈 벌러 가거나 민회에 가서 싸우는 동안 여자들이 들판에서 밭을 일구면서 마을 일을 의논하고 같이 운영해 나가는 모델은 고대부터 현대까지 세계 곳곳에서 찾아볼 수 있어요. 인도의 칩코 운동(벌목을 막기 위한 나무 껴안기 시위)은 대표적인 사례고요. 아까 구멍가게의 비공식 경제, 재생산 영역이 드러나지 않은 것처럼, 여성들의 자급과 자치의 역량도 비가시화되었어요. 저는 이런 '들판의 민주주의'에 주목하고, 다른 정치를 상상할 때 반드시 참고하고 복원해야 된다고 생각해요. 텃밭을 생활 정치의 장으로도 적극 조직해 보면 좋겠습니다.

체제전환운동포럼에서는 농활을 언급해 주셨지요.

**효정** 농활 대찬성합니다. 꼭 예전의 대학 농활이 아니어도, 도시의 노동조합, 협동조합이나 운동단체, 소모임 단위로 농활 조직하고 경험하는 것 중요한 마중물이 될 거예요. 블루베리 농사할 때 제가 관계하고 있던 땡땡책 협동조합, 교육공동체 벗, 청주 공룡에서 농활을 왔었어요. 왜 지금은 블루베리 농사 안 짓냐고 하세요. 생생한 농촌 현실을 같이 경험하고, 같이 고민하고, 도시 텃밭으로 확장도 하면서 어떤 관계의 그물망이 만들어졌던 경험이 있어요.

**연어** 농적 가치를 마음에 품고 삶에서 실현하고 있는 사람들과 관계를 맺는 일이 중요하다고 생각해요. 당장은 용기가 안 나더라도, 언젠가 새로운 삶의 방식으로 전환하고 싶을 때 연결된 관계성이 있다면 용기를 북돋는 동력이 되어 줄 거예요. 저는 국가에서 인정하는 농업인(300평 이상의 땅을 소유하고 농업 경영체를 등록한 사람)은 아니지만 스스로 농부라는 정체성을 가지고 있어요. '농부'라는 개념이 하나의 직종이 아니라 먹을 것을 자급하고 나눔해 왔던 오랜 역사에서 인간이 공유해 왔던 자연스러운 삶의 양식이라고 생각해요. 어딘가에서 본 "우리는 모두 최소 손바닥 한 뼘만 한 텃밭이 필요하다."라는 문장이 오랫동안 제 마음에 남았어요. '농'과 '농부'라는 단어가 우리에게 멀리 떨어진 개념이 아니라 우리가 자연스럽게 사용하는 개념이 되었으면 해요.

'쉼' 호에서 일과 쉼을 구분하는 일상의 패턴에 대해 생각해 보고 싶다는 생각을 했어요. 쉬어도 지치고, 쉬는 동안에도 뭔가 생산적인 일을 해야 한다는 강박에 시달리는 일상에서 벗어나고 싶어서요. 하루 여덟 시간 이상 일하는 도시의 임금 노동자로서 일상의 패턴을 바꾸기란 쉽지 않겠지만, 두 분 이야기를 들으니 의식적으로 돌보는 시간을 우선에 둬 봐야겠다는 생각, 한 뼘 텃밭을 소중히 가꿔 봐야겠다는 생각이 들어요. 일과 쉼에 대한 상상력을 좀 더 넓게 펼쳐 볼 수 있겠단 작은 자신감도 생겼고요.

**연어** 종종 친구들이 곡성에 오면 낯설어하거든요. "연어는 어떻게 먹고살아?" 하면서 걱정하곤 해요. 농촌은 도시에 비해 일자리도 적고 자본주의 체제에서 돈 벌지 않는 삶은 상상하기 어려우니까요. 그런데 여기에 살면 도시에서보다 지출이 줄어요. 필요한 재정을 마련할 만큼만 일하고, 나머지 시간은 주체적으로 사용할 수 있어요. 제가 시골에 살면서 꾸미지도 않고 사니까, 어떤 친구들은 뭔가를 소비하고 싶은 욕구가 없는지 묻기도 해요. 그런데 흙을 만지고 농사를 지으며 생활하는 데에서 충만함을 느끼니 결핍에 따른 보상 심리가 없고, 무언가 필요할 때는 소비보다 자급하는 방법을 고민해요.

저는 원래 삶의 목표 중 하나가 자급자족이었는데, 농촌에 내려와 살면서 오히려 그게 얼마나 어려운지를 깨달았어요. 그런데 자급자족(Self-sufficiency)을 넘어선 공급자족(Community-sufficiency)은 혼자 자급하는 게 아니라 이웃들의 일을 돕고 필요한 것들을 교환하며 필요를 충족하는 삶이에요. 저는 공급자족의 방식으로 풍요를 채워 가는 삶에 더 많은 사람들을 초대하고 싶어요. 상상하기 어렵고 장벽이 있을지라도 새로운 삶을 꿈꾸는 동료들을 만나 관계를 만들어 가면 좋겠어요.

연어 × 채효정

Q 충분한 휴식을 위해
양보할 수 없는
조건이 있다면요?

Q 만약 충분히,
푹 쉬었다면 이제
무엇을 하고 싶나요?

연어 — 제게 충분한 휴식은
밭살림(밭을 돌보고 가꾸는
일) 그리고 알람을 맞추지
않고 잠들고 깨어나는 거예요.
이를 위한 조건은 자연 그리고
주체적으로 하루를 계획할 수
있는 자율성이고요.

효정 — 저보다 연어님이 이미
훨씬 더 농민이 된 것 같아요.
저는 여전히 '충분히 읽을 수
있다면' 하는 생각을 먼저
하거든요. 충분히 쉴 수 있다면,
충분히 읽고 싶어요. 쫓기지
않고. 충분한 휴식이 이미 특권이
되어 버린 세상에서 우리가
함께 충분히 쉴 수 있는 조건은
나의 쉼을 위해 타인의 쉼을
부서뜨리지 않는 세상을 만드는
것이 아닐까, 그때까지는 좀 더
짐을 나눠지고 가야겠다는 생각도
해 봅니다.

연어 — 밭에 가고 싶어요.
밭살림은 저에게 휴식이기도 하고
노동이기도 해요. 제 밭은 인적이
드물고 느티나무로 둘러싸여
있어서 깊은 숲처럼 고즈넉해요.
저는 밭이 인간과 자연이 조화를
이룰 수 있는 신성한 공간이라
여기고 있어요. 쉬는 중에도,
충분히 쉬고 난 후에도 몸과
마음은 밭을 향해 있어요.

효정 — 저도요. 밭에 가서 땀
흘리고 싶어요.

농사짓기에서는 뭐가 일이고 뭐가 쉼일까?

# 책 만드는 사람들이
# 도시 농부가 된 이유

## 이정화 × 정기현

이정화　　　민음사 해외문학 편집자. 13년째 편집자로 일하고 있다. 『다정한 서술자』, 『돌연한 출발』, 『에세』 등을 만들었다. 쓴 책으로 『나의 손이 내게 말했다』가 있다.

정기현　　　민음사 한국문학 편집자. 9년째 편집자로 일하고 있다. 『유령의 마음으로』, 『바로 손을 흔드는 대신』, 『예의 있는 반말』 등을 만들었다.

[분류] #기르기 #떠나기

"동기는 무목적인데, 그걸
다른 사람들하고 나누고
교류하고 싶은 마음은 늘 있어.
그건 성취를 원한다거나
어쩔 수 없이 하는 노동이 아니고,
외롭지 않게 함께하고 싶다는 마음이
자연스럽게 생겨나는 것 같아."

"텃밭도 양봉도 긴 시간을
들여야 하는 건데,
목적이 먼저 있으면 하지 않았을 것 같아.
이걸로 뭘 하고 싶어라기보다
같이 할 수 있는 걸 계속 찾아보는 거지."

요새 어떻게 지내?

**기현**　최근에 본격적으로 많이 배우고 있어. 그게 힘에 부치면서도, 생각해 보면 중고등학교 때 엄청 많은 과목을 배웠잖아. 물론 회사가 하루의 거의 전부이지만 그래도 중고등학교 때로 따지면 방과 후 활동처럼 회사 바깥의 것들을 힘내서 해 보자는 다짐을 했어. 그래서 양봉을 계속 하고 있고, 혼자 책 읽고 글도 쓰고 일본어랑 탁구도 배우면서 지내고 있어.

**정화**　평일은 단순한데, 아침에 일어나면 베란다 텃밭을 둘러보면서 식물을 쭉 스캔해. 얼마나 자랐나, 물은

**책 쓰는 정화**

부족하지 않나. 그리고 출근해서 여덟 시간 근무하고, 퇴근할 때는 느슨한 퇴사 모드에 돌입해. 아침에 입사, 저녁에 퇴사 이런 식이지! 집에 와서는 오늘 저녁 뭘 해 먹을까 생각하고, 텃밭 채소로 샐러드 같은 것 간단하게 만들어 먹고, 주말에는 등산을 하든 집에서 멀리 가서 오래 걷든 무조건 몸을 움직여. 일요일 아침에는 줌으로『잃어버린 시간을 찾아서』낭독 모임을 하고, 이후 주로 뜨개질을 해. 그렇게 루틴을 정해서 쉬고 있어. 기현은 그렇게 이것저것 배우는 것의 장점이 뭐야?

**기현** 장점이라면, 일할 때 우리가 많은 걸 읽잖아. 머리는 엄청 바쁘게 움직이고 나를 실제로도 움직이게 만

이정화 × 정기현

들 만한 생각들도 많이 보는데 실제로 움직이지는 않고. 그런 게 작년 말부터 좀 답답하게 느껴졌어. 그게 에너지가 떨어진 원인 중 하나였어서 이것저것 하면서 몸도 많이 움직여 보고 평소에 막연히 해 보고 싶다 했던 것도 일단 그냥 해 보자. 스포츠 보는 걸 좋아하는데 하기는 항상 찔끔찔끔 했었거든. 그것도 좀 더 제대로 해 보자. 어제도 탁구를 거의 세 시간 쳤어.

그런 걸 할 때 쉰다는 느낌이 있어?

**기현** 쉰다는 게 충전의 느낌이라면 결국에 이렇게 다른 일들을 통해 쉰 후 일로 다시 돌아오는 에너지가 생겨. 몸을 쉬는 건 아니지만 일할 때도 '이런 개념들을 내가 생각하고 실천도 하고 있다' 이렇게 스스로 좀 덜 실망하고 혼자만의 선순환을 돌리는 기분으로. 그래서 쉼이자 취미라고 할 수 있을 것 같아.

어떤 개념이야?

**기현** 작년에 만든 『바로 손을 흔드는 대신』에 박솔뫼

양봉 중인 기현

작가가 쓴 '붙이기'라는 제목의 원고가 있거든. 검열 때문에 완전히 다른 두 영화를 맥락 없이 갖다 붙인 내용에 대한 글이야. 그 무맥락의 붙임, 전혀 다른 두 개를 붙이는 게 너무 좋다고 생각했는데 그걸 여기저기에서 느꼈어.

양봉을 배울 때 꿀벌 전문 수의사 정년기 박사님이 와서 강의해 준 적이 있는데, 본인처럼 꿀벌을 전문으로 하는 수의사가 없다는 거야. 그분이 우리한테 말해 주기를 모두 자신만의 것에 꿀벌을 붙여 보세요. 그러면 뭐가 나올지 모릅니다. 그게 기억에 남았어. 또 『말 놓을 용기』의 저자 성민이 '은유'를 설명할 때 안경이라는 비유를 써서, 은유라는 안경을 통해 대상을 바

**기현이 만든 책**

라보면 전과는 완전히 다른 방식으로의 목격이 가능하다는 말을 하는데, 이것 역시 비슷하게 느껴져. 붙이기 내지는 끼워 넣기 이런 걸 많이 생각했던 것 같아.

**정화** 기현이 선순환 이야기를 했는데, 나도 순환에 대해 생각하게 된 게, 뭘 먹어도 완전히 소화시키지 못하고, 뭘 해도 완전히 집중하지 못하고 항상 적체된 느낌이 있었거든. 그래서 어떻게 하면 내 생활을 완전히 소화시키고 남아 있는 것들을 덜어 낼까 고민했어. 내 경우는 좋아하는 것에 몰입할 때 혹은 내 몸을 생각하는 것 이상으로 움직일 때 가능한 것 같아. 예를 들어서 등산을 하면 너무 힘들잖아. 처음엔 힘들고 괜히 왔다 싶다가 어느 시점에 몰입이 되면서 아 걷길 잘했구나, 하고 머리가 가벼워지는 거야. 그래서 완전 소화를 하려면 내 생각을 넘어서는 지점까지 몸을 움직여야 하는구나 생각했어.

등산을 가거나 양봉을 가면 이동 시간이 길잖아. 그렇게 멀리 떠나는 것에 대해서는 어떻게 생각해? 「농사짓기에서는 뭐가 일이고 뭐가 쉼일까?」 대담 중 채효정 선생님은 인제에 정착한 뒤로 여행이나 휴가를 간 적 없다고 하시더라고.

**정화** 우리는 종종 잉여 시간, 의미 없는 시간을 갖고 싶어 하는 것 같아. 또 자연에 가까이 있을수록 마음이 편해지고 다시 이것저것 하고 싶은 의욕이 생기는 것 같아. 그런데 그것들이 일상이 된다면 굳이 주말마다 여행하지는 않겠지. 사실 우리가 하는 건 요양이지.

**기현** 맞아. 요양 느낌! 내가 시골 가고 싶다는 이야기를 친구들한테 너무 많이 하니까, 친구들은 가면 또 달라질 거라고 하더라고. 왜냐하면 나는 도시에밖에 안 살아 봤으니까. 농촌에 가면 내가 괜찮을까 안 괜찮을까, 안 괜찮으면 이유는 뭘까 하나씩 가늠해 보고 있어. 나는 스트레스 풀 때 진 빠질 때까지 산책을 하곤 하는데, 소도시나 시골에 가면 밤 산책은 못할 것 같은 거야. 그런 식으로, 아직은 시간이 있으니까, 시골을 오가면서 많이 생각해 보곤 해.

기르기도 하지만 떠나기도 하고 비우기도 하고. 여러 형태의 쉼을 하고 있는데, 그때 어떤 상태야? 편안하다 평화롭다 재밌다 짜릿하다 유희적이다······

**정화** 내가 좋아하는 단어인데, 무목적적이다. 예를 들어 뜨개질을 할 때 목도리를 짜든 모자를 짜든 어떤 목적이 있긴 하지만 거기에 다른 마음은 없거든. 잘하고 싶다거나 인정받고 싶다거나. 그래서 훨씬 더 자연스럽고 편안하게 내 감각을 느끼면서 작업할 수 있는 것 같아.

**기현** 나는 고요하다. 내가 먼저 다가가지 않으면 아무도 날 안 건드리는 그런 상태. 그런데 평생 쉼만 있으면 그건 쉼이 아니기도 하지······.

무목적적이다, 고요하다. 비슷하게 느껴지기도 한다. 그런데 정화가 텃밭 가꾸는 과정을 담은 텃밭 일지를 쓰고 싶다고 했잖아. 기현도 양봉 유튜브도 하고 글도 쓰고 있고. 거기에서 파생된 생산을 하고 있는 건데, 그래서 이 활동이 무목적적이라고 할 때 그 의미가 뭘까 궁금해졌어.

**정화**　내가 하는 동기는 무목적적인데, 그걸 다른 사람들하고 나누고 교류하고 싶은 마음은 늘 있는 것 같아. 가령 세영한테 텃밭에서 자란 새싹들을 막 자랑하고 보여 주고 싶은 마음이 생기잖아. 그런데 그건 어떤 성취를 원한다거나 어쩔 수 없이 하는 노동이 아니고, 외롭지 않게 함께하고 싶다는 마음에서 자연스럽게 생겨나는 것 같아.

그런데 쓰다 보면 잘 쓰고 싶고, 인정받고 싶고. 가령 책이라면 잘 팔렸으면 좋겠고. 그런 마음이 들지는 않아?

**정화**　우선순위가 제일 중요한 것 같아. 해야 해서가 아니라 자발적으로 어떤 창의적인 행위를 할 때는 뽐내고 싶고 잘하고 싶은 마음이 들면 내놓지 않는 게 내 기본적인 태도야. 가장 바탕의 마음이 나한테는 중요하거든. 그리고 나한테 제일 중요한 건 결과물보다는 커뮤니티인 것 같아. 내가 가끔 낮술낭독회 멤버들에게 "중요한 건 우리야."라고 말하는 기저도 그런 거지.

**기현**　나도 비슷한데, 사실 텃밭도 양봉도 긴 시간을 들여야 하는 건데, 그렇게 목적이 먼저 있으면 하지 않았을 것 같아. 양봉을 하는 건 그냥 나의 정원에 대한 환상, 자연 속에서 언젠가 살고 싶다는 바람의 실천인데, 붙이기처럼 그걸 내가 원래 하던 거에 적용시켜 보는 거야. 여기서 이렇게도 해 보고, 거꾸로도 해 보고. 쓰는 건 항상 하던 일이니까 자연스럽게 양봉에 대해서도 하고 싶어지는 듯해. 정화 말처럼 우선순위의 문제. 이걸로 뭘 하고 싶어라기보다 같이 할 수 있는 걸 계속 찾아보는 거지.

내가 블로그에 쓰는 '보리스' 연재도 비슷해. 예전에 보리스 비앙 소설 『세월의 거품』을 보고 충격적으로 좋아서, 여기저기 '보리스'를 갖다 붙이기도 하고 아이디로 쓰기도 하면서 계속 '보리스'를 떠올렸어. 그러면서 만약 나한테 절대적인 일대일의 관계가 있다면 어떨까, 그걸 '보리스'라고 명명할 수 있을까, 막연하게 생각해 왔거든. 그게 벌이랑 만나니까 이 중에 보리스가 있다면? 2만 마리의 벌들 중에 단 한 마리만 나와 소통한다면? 하고 구체적인 상상을 발전시켜 보게 됐어. 그런 걸로 혼자 글도 써 보고, 그런 게 모이면 재밌고.

더 잘하고 싶다는 게 결국 누군가가 '너 잘했어'라

**정화가 쓴 책**

고 해 줘야 되는 건데 그건 사실 없을 때가 기본이고 가끔 있는 거잖아. 없다고 해서 내가 잘못하고 있는 게 아니고 그게 보통의 상태인 걸 아니까 그냥 재밌게 계속 하는 게 중요한 것 같아.

사실 누군가가 나에게 관심을 보이고 인정을 주는 건 그냥 그때 그 사람의 관심사가 나의 것과 맞아서인 것 같거든. 그것뿐인데 언제나 인정 욕구 버리지 못하고 괴로워한다⋯⋯ 텃밭과 양봉 이야기를 더 해 볼까? 정화가 텃밭에 관심 있는 줄은 알았는데, 오랫동안 해 오고 있었다는 걸 최근에 점심시간에 이야기하면서 알게 됐어.

**정화** 안 그래도 오랜만에 자료를 찾아봤다. 2010년부터 귀농운동본부에서 대여해 준 텃밭을 15평 정도 빌려서 안산에서 농사를 지었어. 2년 동안 농사를 배우면서 거기 나오는 작물들 키우고, 텃밭 퇴비 만들고, 이웃하고 나누는 생활을 경험했거든. 그리고 농사 친구의 제

안으로 《귀농통문》이라는 잡지의 편집위원으로 활동한 적이 있는데, 그때 귀농한 농부들을 인터뷰하게 된 거야. 유기농, 자연농으로 농사를 지으면서 소박하게 사는 어르신들의 이야기를 글에 담는 작업은 그 자체로도 큰 공부였어. 특히 좋았던 건 원고료를 농부들이 기부한 농작물로 받는 거였어. 들기름, 매실 액기스, 콩 중에서 골라서 아주 요긴히 먹었지.

앞선 대담에 이 이야기가 있던데, 내가 인터뷰하면서 느낀 건 농부님들이 주체적이라는 거였어. 내가 이제까지 느껴 보지 못했던 당당한 어르신들의 모습을 보게 됐거든. 자급자족하면서 자기 식대로 먹고사는 문제를 해결하면 저런 모습일 수 있구나. 인터뷰 갈 때마다 굉장히 자연스럽고 편안하게 대해 준다고 느꼈어. 특별히 손님이 왔다고 뭘 차려 주는 것이 아닌데도 자리가 풍성했고, 인근 양조장에서 술 받아 와서 차와 함께 마시며 밤새 이야기를 나눠도 전혀 부담이 없었고. 건강하다는 느낌을 많이 받았던 것 같아.

작년 연말에 또 너무 힘든 거야. 그때 갑자기 흙 생각이 나더라고. 흙을 고르고 만지고 하면 이전의 경험이 같이 올라와. 언제 감자를 심었지, 언제 고구마 줄기를 심었지 하고. 또 씨앗을 심기 전에 흙을 쓰다듬으면 기분이 너무 좋아. 힘들 때 텃밭 농사를 지었던 때가 다시 생각나고 흙을 자주 만져야겠구나 싶어서 베란다에 원래 하던 것에 보태서 자그마한 텃밭을 더 만들었어.

**기현** 나도 할아버지 할머니가 농부셨거든. 할아버지가 쌀가게를 하면서 집 뒤에 텃밭도 하셔서 항상 쌀, 과일, 채소 같은 농작물을 거의 사 먹어본 적이 없고 다 받아서 먹었던 거야. 그런데 할아버지 돌아가시고 할머니도 이제 허리랑 무릎이 안 좋아지면서 그런 것들이 사라지니까 그때 거꾸로 생각하게 됐어. 그 밭에서 항상 뭐가 자라고 있었는데. 여기서 볼 수 없으리라 생각했던 체리나무 같은 것도 있고.

정화는 그럼 처음 텃밭 시작한 때부터 10년 정도 지났잖아. 그때 농사짓고 하면서 관계 맺게 된 장소나 사람들이 있을까? 네트워크가 달라졌다거나.

**정화** 완전히 달라졌지. 2010년에 텃밭 농사를 경험하고 《귀농통문》을 만들면서 아들을 대안학교에 보냈으니까. 공동육아 커뮤니티가 있는 곳으로 이사까지 갔어! 은휘는 그 커뮤니티에서 중학교 6학년 때까지 방과 후학교에 다니다가, 중학교 때 대안학교로 갔어. 그 모든 과정에서 텃밭이 계기가 된 거지.

그때 만난 분들과는 지금도 교류하고 있어. 특히 《귀농통문》때 함께한 편집진들은 농사를 짓거나 대안 활동을 하면서 자기답게 살고들 있어. 그런 분들과 교류할 때마다 내가 좀 덜 삭막해지고 덜 팍팍해지는 걸 느껴. 도시에서 경쟁하며 사는 것과 조금 다른 삶을 경험했기 때문이라고 생각해. 지금 나는 그 안에 깊숙이 들어가 있지는 않지만, 적게 벌고도 당당하고 풍족하게 사는 분들이 있는 걸 아니까, 나는 앞으로 어떻게 살까 고민할 때 경우의 수가 하나 더 늘어난 거야.

**기현** 나도 힘들 때 항상 밖에서 하는 걸 하고 싶다 생각해. 여긴 너무 도시고 흙이 어디에도 없고. 그런데 우연치 않게 도시 양봉을 알려 주는 기업인 '어반비즈' 게시물을 봤어. 도시 양봉이라는 게 있구나. 근교에서 할 수 있다는 걸 알게 돼서 과천에서 한 달 입문반을 배웠지. 그때 선생님이 벌이 바글바글한 사이에서 능숙하게 움직이는 걸 보니까 되게 좋아 보이는 거야. 그분도 회사를 그만두고 시작한 거더라고. 그리고 실전반에 등록해서 1년 동안 고양시에서 벌통을 만들고 관리하는 걸 배웠어. 벌들한테 질병이 있는지, 여왕벌이 있는지 없는지, 공간이 충분한지. 그런 것들.

마침 대전에 집 안 소유의 개발 제한 구역 동산 같은 게 있었어. 거기 가 보니까 완전 야산이야. 나무가 우거져 있고 길도 없고. 가서 어디에 터 잡을 수 있는지 보니까, 무연고 묘지가 있는 곳이 나무도 없고 평평해서 벌 키우기 좋겠더라고. 묫자리가 벌을 키우기 좋대. 양지바르고 물이랑도 적당히 거리가 있고 평평해서.

양봉하면서 새로 관계 맺은 게 있는지 나도 생각해 보니까, 산을 보는 눈을 조금씩 갖게 된 것 같아. 3월에 벚꽃이 있고, 4~5월쯤에 때죽나무 흰꽃이 피고, 6~7월에는 밤꽃이 피고, 때마다 벌들의 식량이 어떤 게 있구나. 그럼 그 사이사이에 뭘 심어 주면 좋겠다. 올해 초에는 그래서 클로버도 잔뜩 심었어.

기현은 원래 벌에 관심이 있었던 건지, 아니면 이거 한번 해 볼까? 하고 시작하게 된 건지 궁금해.

**기현**   처음에는 내가 할 수 있는 선에서 한번 해 볼까? 였어. 그런데 거꾸로 벌에 대해서 공부를 많이 하게 되고, 알수록 신기한 게 너무 많아. 벌 생태계가 초개체라고 해서, 한 개체가 독립적으로 살아가는 게 아니라 전체가 하나의 생명체처럼 움직인다고 하더라고. 그래서 여왕벌도 생산력이 약하면 일벌들이 죽여 버려. 그러면 여왕벌이 자라는 기다란 벌집들이 여러 개 생기기도 하고. 그런 벌들의 생태가 인간의 눈으로 보는 거랑 굉장히 달라. 월동할 때는 벌들이 최대한 모여 있어야 되거든. 근데 내가 보기에는 너무 와글와글해 보이니까 일부러 소비(벌들이 벌집을 만드는 나무 틀)를 몇 장 더 놔뒀어. 그런데 그걸 보신 분들이 그러면 온기가 떨어져서 다 얼어 죽는다고 하더라고. 사실 나도 그걸 배웠는데, 알면서도 너무 좁아 보이니까, 처음엔 그냥 놔두는 게 잘 안 됐어.

블로그나 유튜브에 양봉 일지 같은 걸 정리해서 올리면 양봉인들이 댓글을 다는 경우가 있어. 누가 봐도 이제 시작한 애들이니까, 따뜻한 소리를 해 주는 사람 반, 저래서 월동을 제대로 할 수 있을지 모르겠다, 하고 따끔한 소리 하는 사람 반. 그게 진짜 따끔해! 그런 양봉인들 세계를 보는 것도 재밌어. 새로운 관계다.

두 사람이 쉬는 동안 하는 일, 그게 생명을 기르고 돌보는 생태적인 것들이잖아. 왜 이런 것들이 필요했던 걸까? 내가 집 안에서 뭐라도 길러 보고 싶다 생각하게 된 계기를 떠올려 보면, 간단하게 파스타 해 먹으려고 퇴근길에 마트에 들르면 20그램짜리 루꼴라가 너무 단단한 플라스틱 통에 담겨 있는 거야. 나는 그렇게 많은 플라스틱을 사고 버리고 싶지 않다, 쓰레기를 덜 만들고 싶다 하는 마음이 있었어.

또 하나는 종종 네덜란드에 교환 학생으로 있던 시절을 떠올리거든. 그때 쉐어하우스에 사는 친구 하나랑 친해졌었는데, 각자 방이 있고 공용 부엌이랑 거실이 있는 구조야. 그런데 놀란 게, 시험 전날에도 자전거 타고 시장에 가서 야채랑 치즈 이런 걸 사서 저녁을 해 먹는 거야! 로테르담이 자전거 도로가 잘 되어 있고, 일주일에 두 번 광장에서 큰 시장이 열리고 그랬거든. 나한테는 그게 좀 충격이었어. 왜냐하면 내가 생각하는 대학교 시험 기간은 도서관에서 밤새 공부하고 답안 달달 외우고…… 이런 거였거든. 그때 서울에서보다 훨씬 여유로운 삶의 형태를 보게 된 거지. 이 두 가지가 내가 텃밭을 해 보고 싶다 생각한 계기가 된 것 같아.

이정화 × 정기현

**정화**  생각해 보면 나는 농사 지을 때가 가장 기분이 좋고 건강했어. 사실 쉰다고 쉬어지는 게 아니더라고. 잠을 많이 자도, 집에서 늘어져 있어도 전혀 쉬는 느낌이 들지 않고 피로가 쌓이는 거야. 어떤 전환이 필요한 시점이구나를 절실하게 느끼면서, 자발적인 노동을, 노동이라고 하긴 좀 그렇지, 일종의 놀이를 하게 된 거지.

그런데 사실 나는 베란다 텃밭이 성에 안 차. 더 하고 싶어. 더 넓은 땅에서 내 노동을 통해서 생산성 있는 일들을 하고 싶은 생각이 들어. 지금 하는 건 일상을 버티기 위해서 하는 잠깐의 쉼, 모드 전환이지만, 궁극적으로는 아예 내 삶을 전환하고 싶다는 생각을 자주 해. 일과 삶이 분리되어서 막 긴장해 있다가 확 풀어지는 식이 아니라, 자연스럽게 놀 때 놀고 일할 때 일하고 싶은 마음이 간절해. 현재 나의 상태나 나이, 모든 게 영향을 미치겠지만 나는 지금 내가 건강하지 않다고 생각해. 어느 때는 엄청 소비하면서 스트레스 풀고, 어떤 때는 미친 듯이 콘텐츠를 보고…… 이런 상태를 차츰차츰 줄이면서 종국에는 나 스스로 내 일상을 건강히 보듬고 싶다는 마음이야.

그런데 정화는 회사에 다니면서 『다정한 서술자』, 『돌연한 출발』, 『그림 동화』 등 좋은 책들을 많이 만들었잖아. 책 관련 여러 행사도 기획했고! 그러면서 보람도 느낀다고 생각했어. 그럼에도 텃밭을 가꾸고, 이런 쪽이 좀 더 마음이 가는 거지?

**정화**  지금 하고 있는 일에서 업무적으로 보람을 느끼는 것과는 결이 좀 다른 것도 같아. 왜냐하면 늘 긴장하니까. 일적으로 성과가 높을수록 반작용으로 오는 후유증이 크거든. 그 후유증을 스스로 감당해야 할 때 풀어지려고 이런 식으로 몸부림을 치는 것 같아. 고무줄이 이만큼 늘어났던 것, 확 잡아당겼을 때 오는 후유증의 파동을 어떻게든 견디려는 몸의 노력이거든. 도시 노동자로서의 삶이 의미 없는 것이 아니라, 언제고 지속할 수는 없겠구나 하는 한계를 몸과 마음으로 인식하고 있어. 그래서 어떻게 하면 이 반작용으로 얻는 후유증을 최소화하면서 내 삶을 건강하게 유지할 수 있을까를 이런저런 활동으로 실험하는 것 같아.

**기현**  나도 몸부림에서 시작한 게 맞는 것 같아. 그런데 몸부림만은 아니라는 걸 스스로 확신을 갖고 언어화해서 납득하기까지 시간이 필요했어. 처음에는 양봉한다고 왠지 말하기 부끄러웠는데 이제는 내가 이걸 지속할 수 있겠다는 확신이 생겼어.

세영은 알겠지만 내가 자주 졸잖아. 그래서 어디서든지 자고 싶어. 점심 때 한강 산책 자주 나가는데 너무 졸리고 거기 누워서 자고 싶은데 절대 잘 수 없겠다는 생각이 들고. 나는 항상 눈에 안 보이는 병균 같은 걸 무서워했던 것 같거든. 그런데 양봉 끝나면 힘쓴 다음에 땀나고 지친 상태로 땅에 누워. 평평한 데에 누워 있으면 바람 불고 햇볕 있고 새소리 들리고 개 짖는 소리도 나고 물소리 나고. 이런 데서 그냥 원할 때까지 누워 있을 수 있다. 정화가 말한 그 주체적인 몸에 다가가고 있다고 생각하는데, 어쨌든 한 계절을 다 나고 겨울도 넘기고 해 보니까 나한테 이제 아지트처럼 양봉하는 데가 있고, 할 수 있다. 그런 생각만으로 좀 괜찮은 게 있어.

쉼에 대해 생각하다가 이 지점이 어려웠어. 내가 좋아하는 것들, 이를테면 좋은 소설, 영화…… 아름다운 예술작품을 만들려면 쉼은 생각도 나지 않을 만큼 몰두하는 시간이 필요하잖

아. 물론 임금 노동이랑은 다르지. 자기 작업이니까. 그런데 내가 하는 일도 얼마간은 좋아하는 걸 만드는 일인데, 여덟 시간 일하는 게 왜 이렇게 힘든 걸까, 왜 쉬어야 한다고 생각하게 될까 싶은 거야.

**정화** 나도 그런 딜레마 속에서 지냈는데, 두 가지를 잘 해내면 좋겠지만 그건 힘들잖아. 거기서 최선을 찾고 있는 것 같아. 사실 긴장감이 있는 상태에서 생산성 있는 결과물이 나올 수밖에 없는 것 같기도 해. 왜냐하면 전문가 근성이 작용한다는 건 적당한 형태의 강박과 시간 감각으로 초집중해서 결과물을 내는 것이고, 그런 것들이 있어야 가능한 일을 우리가 하고 있으니까. 그런데 그것들의 밸런스 조절을 어떻게 하느냐가 매번 드는 숙제이지.

《한편》에서 다루는 휴식에는 '떠나기'도 있는데, 다들 해외여행에 대해서는 어떻게 생각해?

**정화** 해외여행 가는 것 자체보다 어떻게 가느냐가 중요한 것 같아. 도파민 중독처럼 여행을 다녀오는 경우도 있잖아. 도장 찍듯이 해외 나가면 이것도 보고 저것도 해야지 식으로. 어떤 면에서는 일상의 강박에서 못 벗어나는 행위라고 보거든. 그러니까 여행도 삶이랑 긴밀하게 연결되어 있다고 생각해. 가령 아까 세영이 말한 농부님이 여행을 가면 다르게 다녀오실 것 같거든. 소비 지향적으로 여행하지 않고 본인과 결이 맞는 사람을 만나고 장소를 다닐 것 같아.

비용에 대해서도 이야기하고 싶은데, 만약 우리가 네트워킹이 잘 되어 있으면 국내를 가든 해외를 가든 저렴한 비용으로 양적, 질적으로 풍족한 여행을 할 수 있을 것 같아. 예를 들어 돈이 없으면 여행이 부담이잖아. 밖에서 밥 사 먹으면 비싸고, 숙소비도 만만치 않고. 그런데 네트워킹이 잘 되어 있으면 호주에 사는 누군가한테 숙소를 제공받을 수도 있는 거지. 인맥 이런 게 아니라 좀 더 저변에 깔려 있는, 누구나 자기 형편대로 편히 여행을 떠날 수 있는 기반이 필요하다.

**기현**  곧 호주로 여행을 가는데, 5년 전에도 그분들 집에 갔었어. 용준이가 워킹 홀리데이 비슷한 헬프엑스라고, 정원이랑 텃밭 돌보는 일 도와주면서 그 집에서 먹고 자고 하는 생활을 몇 개월 했었거든. 그런데 나도 그분들이랑 친해져서, 같이 그 집 뒤에 있는 캠핑카에서 자고, 여행도 그분들 친구들, 이웃들이랑 같이 가고 했었어.

**정화**  호재랑 나도 통영에 봉수아(정화가 통영에 마련한 낡은 아파트) 생기고 가장 뿌듯한 게 그거야. 떠나고 싶을 때 일단 숙소 부담이 없으니까 좀 더 가볍게 내려갈 수 있다는 것. 그리고 숙소가 부담되는 마음을 잘 아니까 쉬고 싶은 누군가에게 빌려주면 기분이 좋거든. 숙소비 대신 현지에서 맛난 거 먹을 수도 있고. 서로가 서로의 마음을 알고 좀 더 잘 쉴 수 있도록 도움을 주고받는, 그런 마음이 확장되면 문화가 될 수 있잖아. 그렇게 문화로 나아가기 위해서는 개인의 노력이 되게 중요한 것 같아. 호주에 계신 그분들이 보여 주는 노력도 소중한 거잖아.

마지막으로 소감을 나눠 볼까.

**기현**  자연에 대해서 이야기하다 보면 점점 그쪽으로

이정화 × 정기현

고양돼서 좋은 점을 너무 크게 이야기하거나 낭만화하는 면이 있는 것 같아. 자연에 대한 책을 읽어도 비슷한 결론으로 끝나는 경우가 많아서 때때로 아쉽더라고. 우리는 분명 자연에서 무언가를 해 보려는 사람들이자 동시에 도시의 직업인이기도 한데, 우리 이야기에서 그 밸런스가 잘 전달이 되었을까, 그런 생각이 드네. 하지만 무엇보다 대화가 즐거웠다!

이번 호 준비하면서 나는 생태적인 삶과 자기계발에 대해 계속 생각하게 돼. 지구에도 나와 친구들에게도 건강한 삶을 살고 싶지만 도시에서 살면서 일하기를 그만둘 수 없고, 일은 내용도 시간도 내가 통제할 수 있는 게 아니니까. 또 돈이 되는지 여부와 상관없이 내가 좋아하는 일, 잘할 수 있는 일을 계속 찾아보고 싶은데, 이런 자기계발은 지금 너무 일과 엮여 있달까. 먹고살려면 엮여 있어야 하기도 하고…… 아무튼 자기계발과 생태적인 삶, 그 사이 어딘가를 계속 찾아 보고 싶다. 정화도 소감 말해 줄래?

**정화**  오늘 이야기 너무 즐거웠어. 우리가 공통적으로 힘들어하는 일상이 있는데 그 와중에 뭔가를 찾는 건 그래도 잘 살려고 노력하고 있다는 거잖아. 그리고 지쳤기 때문에 쉼을 찾는 거고. 난 여기에 중요한 지점이 있다고 생각해. 지쳐서 찾는 쉼은 간절한 거니까 삶의 문제다.

이정화 × 정기현

Q 충분한 휴식을 위해
양보할 수 없는
조건이 있다면요?

Q 만약 충분히,
푹 쉬었다면 이제
무엇을 하고 싶나요?

기현 — 일상과의 연결을 잠시
끊어 두는 것.

정화 — 잘 정돈한 곳에서,
손으로 뭔가를 하며, 혼자 있는
시간이 반드시 필요합니다.

기현 — 휴식 전보다 더 간소하고
건강해진 일상을 다시 살기.

정화 — 오래전부터 쓰고 싶었던
글을 쓰고 싶어요.

한편에서 2024년 4월 24일에서 5월 3일까지 진행된 8개 질문의 설문조사 결과를 보고합니다. 뉴스레터 '한편의 편지'와 민음 커뮤니티를 통해 모두 2044명이 구글 폼을 통해 응답했습니다. 이 데이터를 새롭고 풍부한 쉼을 위한 참고 자료로 삼아 주세요.

### 1. 평소에 잘 쉬고 있나요?

우리에게는 쉼이 부족하다는 생각에서 출발한 한편. 첫 번째 질문은 가볍게 물었습니다. 평소에 잘 쉬고 있느냐는 질문에 '그럴 때도 있고 아닐 때도 있습니다'라는 답변이 61%가량을 차지했는데요. 단호한 '그렇습니다'가 19%, '그렇지 않습니다'가 12%네요.

### 2. 쉬는 시간을 어떻게 확보하나요?

바쁜 현대인에게 쉬는 시간이란 주어지는 것이기도 하지만 만들어 내야 할 것이기도 하죠. 쉬는 시간을 확보하는 기세에 관

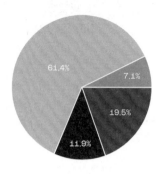

### 평소에 잘 쉬고 있나요?

● 그렇습니다.
● 그렇지 않습니다.
● 그럴 때도 있고
  아닐 때도 있습니다.
● 잘 모르겠어요.

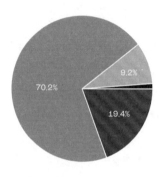

### 쉬는 시간을 어떻게
### 확보하나요?

● 필사적으로
● 그때그때 상황에 따라
● 겨우겨우
● 그럴 여유는 없다

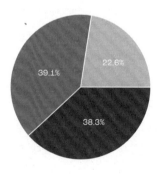

### 인문잡지 《한편》에서 탐구 중인
### 쉼의 방식 중 무엇이 끌리나요?

● 비우기(명상, 침묵…)
● 떠나기(여행, 이동…)
● 기르기(식물, 텃밭…)

해 물었습니다. 역시 무난한 '그때그때 상황에 따라'가 70% 이상 나왔는데요. 주목되는 것은 '필사적으로' 쉬는 시간을 확보한다는 19.4%입니다. '그럴 여유는 없다'는 어두운 문항에는 24명(1.2%)만이 답했다는 것이 다행이라고 해야 할까요.

### 3. 보통 쉴 때 무엇을 하나요?

이 질문부터는 복수 응답과 주관식 답변 추가가 가능했는데요. 첫 번째로 넣은 항목인 '놀러 가기'가 22%만 나왔다면, '누워 있기'가 74.5%로 압도적 1위를 차지했어요. 그다음이 '콘텐츠 시청하기'(59.2%), '취미 활동하기'(54.4%), '사람 만나기'(15.6%) 순이었습니다. 주관식 답변에서 보이는 '강아지 쓰담쓰담하기' '고양이 무릎에 앉히고 책 읽기' '아끼는 노래 듣기' 등등이 살뜰하네요.

### 4. 쉴 때, 당신의 상태는 어떤가요?

궁금했던 문항 중의 하나. 쉴 때의 상태에 관해 가장 많이 나온 답변은 모두 1320명이 선택한 '이 시간이 끝나지 않았으면'이었습니다. 그다음이 '무념무상'(36.4%)과 '즐겁다'(33.7%)가 비슷하게 나왔는데요. 그 뒤를 '초조와 불안'(27.5%)이 따라오고 있습니다.

주관식 답변은 더욱 길어지고 있어요. '계속되는 피로' '쉴 때도 사업 생각이 늘 따라다닙니다' '반짝이는 삶의 한 조각이 따로 없네!' 그리고 '무념무상으로 누워있는 게 쉼이라고 생각하지만, 긴 휴가에 누워 있기만 하면 시간이 아깝다는 생각이 들어 어떻게든 약속을 잡고 밖으로 나가는 편이에요. 그런데 그렇게 나와서 부러 돌아다니고 여행하다 보면 이게 다 무슨 의미인가, 이렇게까지 굳이 나와야 하나 싶어질 때가 종종 옵니다. 집안에 있으면 무료하고, 밖으로 나가면 허탈한데 어디에 장단을 맞춰야 할지 모르겠습니다.'

4번 질문은 2번 질문 '쉬는 시간을 어떻게 확보하나요?'와 함께 봐도 흥미로워요. '필사적으로' 쉬는 시간을 확보하는 사람은 쉴 때 '무념무상'인 경우가 많은데요. 반대로 '겨우겨우' 마련한 쉬는 시간에 '초조와 불안'을 느끼는 경향이 보였습니다. 이에 따르면 쉼이란 적극적으로 쟁취해서 누리는 것이라는 해석이 가능하겠어요.

### 5. 해 본 적은 없지만,
### 나는 이렇게도 쉬어 보고 싶다.

때로 전과는 다른 쉼을 원하잖아요. 새로 시도하고 싶은 쉼의 방법으로는 '낯선 곳으로 떠나기'(49.5%), '자연으로 돌아가기'(38.9%), 새로운 것 배우기(33.2%)가 이어지는데요. 28.8%가 나온 '명상과 요가', 25.6% 나온 '글쓰기, 만들기' 등은 쉼이 아닌 활동으로 분류하는 분들도 많겠다고 짐작됩니다.

### 6. 인문잡지 《한편》에서 탐구 중인 쉼의 방식 중
### 무엇이 끌리나요?

한편 편집자들은 각자의 관심과 성격에 따라서 쉼의 방식으로 '떠나기' '비우기' '기르기' 세 가지를 제시하고 있어요. 세 방식에 따라 목차를 구성했고요. 6번 문항에서 사람들의 선호도를 묻자 여행, 이동 등의 '떠나기'(39.1%)가 가장 많이 꼽혔네요. 명상, 침묵 등의 '비우기'가 38.3%, 식물, 텃밭 등을 '기르기'가 22.6%로 이어졌습니다. 당연한 이야기이지만 음미해 볼 점은 떠나기 속에 비우기가 있거나(여행을 가서 침묵한다) 기르기와 함께 떠나기가 가능하듯이(꿀벌을 기르러 양봉장으로 떠난다) 우리가 하는 활동에 여러 측면이 있다는 것이겠죠.

### 7. 충분한 휴식을 위해
### 양보할 수 없는 조건이 있다면요?

자, 100% 주관식 문항이 나왔습니다. 2044개의 답변을 분석했습니다.(휴먼 코딩) 한 눈에 많이 보이는 단어는 뭘까요? 그렇습니다. '혼자'(573회, 28%). "혼자 시간을 보낼 수 있어야 해요. 고양이와 같이 있는 건 괜찮아요." 한국인 40%가 "집에서 혼자 있는 게 가장 즐거워"라고 답했다는 2024년 1월 발표된 이케아의 2023년 보고서가 떠오르네요. 두 번째로 많이 나온 단어는 '조용'(210회)이었고요. "조용하고 예쁜 곳에 3시간 이상 혼자 있어야 함" "조용한 곳, 맑은 공기, 핸드폰 금지" "조용한 음악" 등등.

쉴 때 주로 '누워 있기'를 택한다는 3번 문항의 결과에 상응해 '집'(109회), '침대'(91회)가 나란히 자주 등장하고 있습니다. '음식'(35회)의 중요성도 언급되고, 물론 '커피'(36회)가 필요합니다. 구체적인 쉼의 묘사가 재미있는데요. "침대와 침구, 책 세권, 아이패드, 아이스바닐라라떼, 휘낭시에나 스콘 두 개가 마련된 방에 나 혼자 반나절이상 있어야 함" "일요일은 걸음수 50

미만을 유지하려고 합니다." 점차 응답들에 빠져들게 되었어요. "조건은 없다. 나라는 한 개인의 삶이 아니라 엄마로 살아가는 현재는 충분하다라고 하는 휴식이 없어서. 5분 10분 잠시 동안의 휴식에도 책을 읽는다." "조용히 나만의 시간을 갖기 위해 한의원에서 또 통증학과에서 물리치료 받은후 산책을 한다."

한국 사회가 가하는 스트레스를 짐작하게끔 '연락'(91회) '업무'(29회)가 등장하는 가운데, '타인'(29회) 또한 부정적인 맥락에서 등장한다는 점이 눈에 띕니다. 한편 '돈'은 단 14회 등장하는데요. 충분한 휴식을 위해 반드시 돈이 필요한 것만은 아니군요.

## 8. 만약 충분히, 푹 쉬었다면
## 이제 무엇을 하고 싶나요?

한편이 던지는 킥 질문. 꼭 쉰 다음에 일을 잘하자는 의미에서가 아니라, 푹 쉬고 난 맑고 건강한 몸으로 사람들이 이루고 싶은 일이 궁금했어요. 답변에서는 '다시'(258회) 그리고 '새로'(172회)라는 부사가 과연 많이 보였습니다. 목적어는 이것이에요. '일상'(152회).

5번 문항에서 상대적으로 적게 선택된 쉼의 방식인 '생산'(92회) '쓰기'(51회)가 여기에 많이 보여요. 역시 잘 충전된 마음으로 '공부'(197회), '자기계발'(47회)에 나서겠다는 답변들도 있습니다. '여행'(69회)을 푹 쉰 다음에 하는 일로 꼽은 분도 있고, '청소'(39회)라는 우리를 짓누르는 집안일도 나옵니다. '더쉼'(56회)고 싶은 생각도 물론 들고요. 이제는 그럼 다양한 응답을 나눠 보면서 설문조사 보고를 마치겠습니다.

"충분한 휴식으로 채워진 마음을 가지고 주변 사람에게 다정한 말한마디 하기!"

"아이에게 집중하고 싶어요."

"다시 생산적인 일을 하고 싶어요. '휴식'만 존재하는 건 다른 의미로 저에게 압박감으로 다가오는 것 같네요."

"문과형 인간으로 30년을 살았는데 이제 이과 공부를 해 보고 싶습니다."

"노동을 하고 싶습니다! 실제로 저는 지금 병가 중에 있는데 노동을 하고 싶네요. 아이러니하게도. 다시 복귀하게 되면 지금이 그립겠지만 인간은 쓸모 있음에 큰 기쁨을 느끼는 것 같아요."

"충분히 쉬었다면 뭔가 생산성 있는 일을 하고 싶어져서 난이도가 좀 있는 책을 읽는다던가 미뤄 두었던 일을 하는 편입니다."

"평소에 손이 잘 안 가던 어려운 책을 읽어 본다."

"평소에 미뤄 뒀던 벽돌책 읽기."

"힘차고 행복하게 출근!!"

"쉬어 봐야 알 것 같다."

어떻게 쉬고 있나요?　　　　　185

인문잡지 한편
14
특별호
쉼

**글**
하미나, 소영광, 김진영, 연어,
채효정, 정기현, 이정화

**편집**
신새벽, 김세영, 맹미선

**디자인**
유진아

**발행일**
2024년 5월 22일

**발행인**
박근섭, 박상준

**펴낸곳**
(주)민음사

**등록일 / 등록번호**
2020년 5월 20일
강남, 사00118

**주소**
서울시 강남구 도산대로1길 62(신사동)
강남출판문화센터 5층(06027)

**대표전화**
02-515-2000

**홈페이지**
www.minumsa.com

**값 10,000원**

**ISBN / ISSN**
978-89-374-9167-2 04100
2733-5623

ⓒ (주)민음사, 2024
본지에 실린 글과 사진의 무단 전재 및
복사를 금합니다.
잘못 만들어진 책은 구입처에서
교환해 드립니다.